(2)通信ネットワークに関する知識

●ネットワークの構成

□OSI参照モデル

□ハブ

□ルータ

　□パケットフィルタリング

□ゲートウェイ

□プロトコル

　□TCP/IP

　□HTTP

　□FTP

　□POP

　□IMAP

　□SMTP

　□DHCP

□MACアドレス

□IPアドレス(IPv4　IPv6　CIDR)

　□プライベートIPアドレス

　□グローバルIPアドレス

　□サブネットマスク

　　□ネットワークアドレス

　　□ブロードキャストアドレス

　　□ホストアドレス

□ポート番号

□NAT

□DMZ

□DNS

□VPN

□通信速度(bps)に関する計算

●ネットワークの活用

□シンクライアント

□Cookie

□MIME

□VoIP

)情報モラルとセキュリティに 関する知識

●セキュリティ

□共通鍵暗号方式

□公開鍵暗号方式

□電子署名

　□ディジタル署名

　□認証局(CA)

□SSL(TLS)

□HTTPS

□ログファイル

　□システムログ

　□アクセスログ

□インシデント

□リスクマネジメント

□リスクアセスメント

□クロスサイトスクリプティング

□ソーシャルエンジニアリング

□SQLインジェクション

JN060421

本書の構成と使い方

　本書は「全商情報処理検定　プログラミング部門1級」の合格を目指すみなさんが，検定出題範囲すべてにわたって十分に理解できるように編集しています。本書を活用して合格を勝ち取ってください。

Part I　アルゴリズム編

　プログラミング1級の出題範囲である「アルゴリズム」に対応する，流れ図の基本的な手順を学習できます。検定試験問題の【5】～【7】に相当します。

　プログラミングの重要な要素であるアルゴリズムを，豊富な編末トレーニングで実践的に身につけてください。

Part II　マクロ言語編

　プログラミング1級の出題範囲である「プログラム言語」および「アルゴリズム」に対応しています。検定試験問題の【4】に相当します。

　マクロ言語を習得するために，プログラミングの基礎を，ていねいな解説で実践的に身につけてください。

Part III～IV　プログラミング関連知識編 ～ 知識編

　プログラミング1級の出題範囲である「関連知識」および，全商情報処理検定1級の「共通範囲」の用語に対応しています。検定試験問題の【1】～【3】に相当します。

　情報処理に関する知識を，着実に身につけてください。また，Part IV は冒頭に「学習のポイント」を設け，検定用語を体系的に学べるように配慮しました。

学習と検定

全商情報処理検定テキスト

1 級

プログラミング部門

実教出版

目次

Part IV 知識編

1 コントロールブレイク（グループトータル）

特定のキー項目によって整列（分類）されたデータを読み，同じ種類のグループごとに集計・表示を行うことを**グループトータル**という。また，各グループごとに行う，このような処理の切れ目を**コントロールブレイク**という。

【例】第1図のような売上ファイルを読み，第2図のような商品別売上一覧表を表示しなさい。

◆入力データ

商品コード	品 名	台数
×××	××～××	×××

（第1図）

◆実行結果

	（商品別売上一覧表）	
（商品コード）	（品名）	（台数）
101	ノートパソコン	50
101	ノートパソコン	75
	（小計）	125
111	カラープリンタ	65
111	カラープリンタ	20
	（小計）	85
121	ハードディスク	120
121	ハードディスク	90
	（小計）	210
	（合計）	420

（第2図）

処理条件

(1) 入力データは商品コードを基準に昇順に整列されている。

(2) 商品コードが変わるたびに小計を表示する。

(3) 商品コードに0が入力されたとき，処理を終了する。

(4) 処理の最後に合計を表示する。

▶**Point**

●分類の方法には昇順と降順の二つの方法がある。

　昇順（正順）　キーが小さい値から大きい値へ並べられている。（例）1，2，3，4，5，～

　降順（逆順）　キーが大きい値から小さい値へ並べられている。（例）10，9，8，7，6，～

　特定の項目をキー（コントロールキー）として並べられたレコードを順番に読み，同じキーの集まりをグループとしてまとめるには，キー項目の変化を見分けて処理の流れを変えればよい。

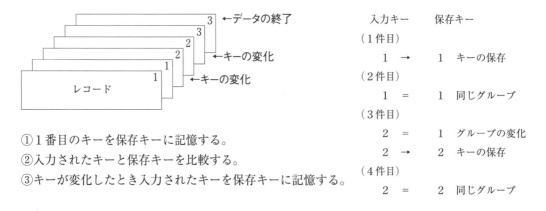

①1番目のキーを保存キーに記憶する。
②入力されたキーと保存キーを比較する。
③キーが変化したとき入力されたキーを保存キーに記憶する。

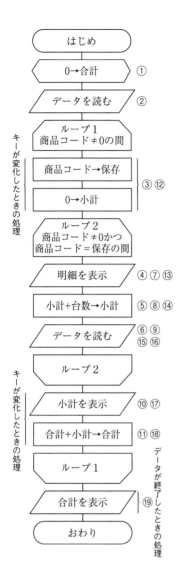

	（商品コード）	（品名）	（台数）
入力データ	101	ノートパソコン	50
	101	ノートパソコン	75
	111	カラープリンタ	65
	～	～	～

	商品コード	台数	保存	小計	合計	
①②	101	50			0	合計クリア データ入力
③	101	50	101	0	0	キーの保存 小計クリア
④	101	50	101	0	0	明細表示
⑤	101	50	101	50	0	小計加算
⑥	101	75	101	50	0	データ入力
⑦	101	75	101	50	0	明細表示
⑧	101	75	101	125	0	小計加算
⑨	111	65	101	125	0	データ入力 キーの変化
⑩	111	65	101	125	0	小計表示
⑪	111	65	101	125	125	合計加算
⑫	111	65	111	0	125	キーの保存 小計クリア
⑬	111	65	111	0	125	明細表示
⑭	111	65	111	65	125	小計加算
⑮	111	20	111	65	125	データ入力
	～	～		～	～	
⑯	0	90	121	210	210	データの終わり
⑰	0	90	121	210	210	小計表示
⑱	0	90	121	210	420	合計加算
⑲			121	210	420	合計表示

処理の終わり

(1) 始めに合計を0クリアしておく。①
(2) 1件目のデータを入力し，商品コードを保存すると同時に小計を0クリアする。②～③
(3) 商品コードが変化しない間は，明細の表示と小計への加算を繰り返す。④～⑧，⑬～⑮
(4) 商品コードが変化したときは，小計を表示し合計への加算を行う。さらに，新たな商品コードを保存し，小計を0クリアする。⑨～⑫
(5) 商品コードに0が入力されたら，ループを終了し，小計を表示し合計への加算を行った後，合計の表示を行い処理を終了する。⑯～⑲

第1図のような人口データを読み，処理条件にしたがって第2図のように表示したい。流れ図の(1)～(5)にあてはまる記述を解答群から選び，記号で答えなさい。

◆入力データ

都道府県コード	市　名	人　口
××	××××××	××××××

(第1図)

◆実行結果

(都道府県コード)	(市　名)	(人　口)
0 1	××××××	×，×××，×××
〜	〜	〜
	(小計)	××，×××，×××
0 2	××××××	×，×××，×××
〜	〜	〜
	(小計)	××，×××，×××
	〜	〜
4 7	××××××	×，×××，×××
〜	〜	〜
	(小計)	××，×××，×××
	(総計)	×××，×××，×××

(第2図)

処理条件

(1) 人口データは都道府県コードの昇順に並んでいる。

(2) 都道府県コードが変わるごとに人口の小計を表示する。

(3) 最後に総計を表示する。

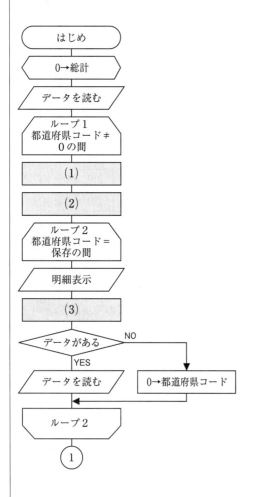

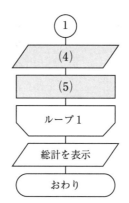

解答群

ア．0→小計　　　　　　イ．0→人口

ウ．小計を表示　　　　　エ．明細を表示

オ．都道府県コード→保存

カ．総計＋小計→総計　　キ．総計＋人口→総計

ク．小計＋人口→小計

(1)		(2)		(3)		(4)		(5)	

〔(1)，(2)は順不同〕

練習 2

第1図のような売上データを読み、処理条件にしたがって第2図のように表示したい。流れ図の(1)
〜(5)にあてはまる記述を解答群から選び、記号で答えなさい。

◆入力データ

支店コード	商品コード	数量	単価
××	×××	×××	×××

(第1図)

◆実行結果

(支店コード)	(商品コード)	(数量)	(単価)	(金額)
××	×××	×××	×××	×××,×××
	〜	〜	〜	〜
	×××	×××	×××	×××,×××
	(小計)			×,×××,×××
××	×××	×××	×××	×××,×××
	〜	〜	〜	〜
	×××	×××	×××	×××,×××
	(小計)			×,×××,×××
	(総計)			×,×××,×××

(第2図)

処理条件

(1) 売上データは、支店コードを基準に昇順に並んでいる。

(2) 支店コードは最初の行のみ表示する。

(3) 金額は数量×単価で求める。

(4) 支店コードが変わるごとに金額の小計を表示する。

(5) データが終わりのとき、小計と総計を表示して処理を終わる。

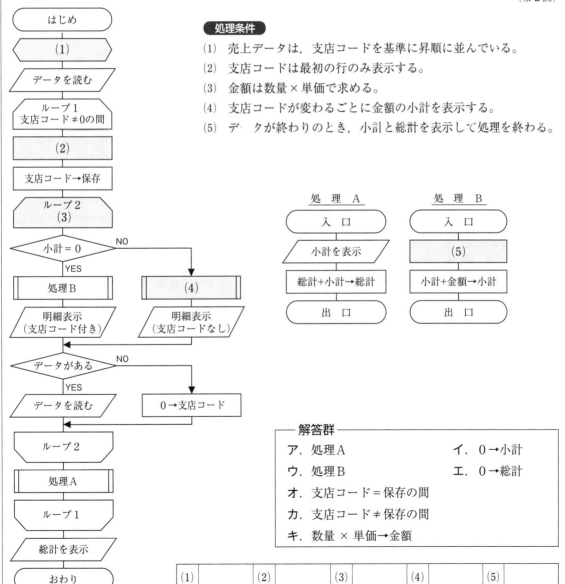

解答群

ア. 処理A

イ. 0→小計

ウ. 処理B

エ. 0→総計

オ. 支店コード=保存の間

カ. 支店コード≠保存の間

キ. 数量 × 単価→金額

(1)		(2)		(3)		(4)		(5)	

2 二分探索

　配列の内容がキー項目について昇順または降順に並んでいるときは，先頭から順番に調べていく線形探索より効率のよい方法がある。

　探したいデータと配列の中央の値とを比較して，その前半部分を探すか，後半部分を探すかを決定していく方法で，**二分探索**という。

【例】商品コードを入力し，そのコードに対応する商品名を表示する。

　　　この例では，入力するコードを「160」とする。

配列

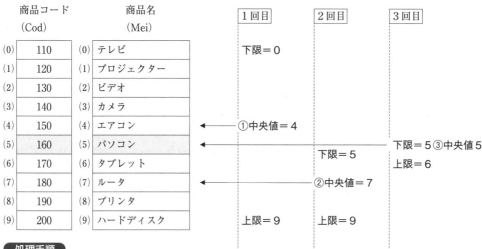

処理手順

① 探索する配列の大きさで下限，上限を決定する。

　商品コード配列の大きさは10であるから，上限＝9，下限＝0となる。

② 配列の中央値（中央の添字）を求める。

　　　中央値＝（上限＋下限）÷2　　（小数点以下切り捨て）

③ 入力したデータと配列の中央値の内容とを比較し，一致しない場合

　　　データが中央値より大きければ　　**中央値＋1→下限**　（探す範囲を後半分に限定）

　　　データが中央値より小さければ　　**中央値−1→上限**　（探す範囲を前半分に限定）

　この処理を，「入力データ＝中央値の内容」となるまで繰り返す。

［1回目］

　中央値＝（9＋0）÷2＝4.5→4

　　　　　　　　（小数点以下切り捨て）

　　　　　　　　　　　　　　　　入力データ→｜　　｜←中央値の内容

　　　　　　　　　　　　　　　　160＞150

　　　　　　　　　　　　　　　　であるから，中央値「4」＋1→下限

［2回目］

　中央値＝（9＋5）÷2＝7

　　　　　　　　　　　　　　　　160＜180

　　　　　　　　　　　　　　　　であるから，中央値「7」−1→上限

［3回目］

　中央値＝（6＋5）÷2＝5.5→5

　　　　　　　　　　　　　　　　160＝160

　　　　　　　　　　　　　　　　であるから，探索完了

前ページの例の流れ図は，下のようになる。

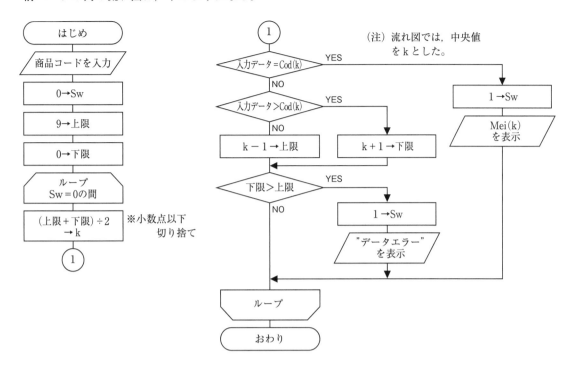

●エラーデータのチェック

配列 Cod に存在しない「185」を入力したとする。

	入力データ↓	↓中央値の内容	上限	下限
［1回目］	$(9 + 0) \div 2 \to 4$	$185 > 150$	9	5
［2回目］	$(9 + 5) \div 2 \to 7$	$185 > 180$	9	8
［3回目］	$(9 + 8) \div 2 \to 8$	$185 < 190$	7	8

←下限＞上限
　のとき，探すデータは
　配列内にない。

── 上の流れ図は，以下の方法でも処理を行うことができる。──

・$9 \to$ 上限 ⇒ $10 \to$ 上限　　・$k - 1 \to$ 上限 ⇒ $k \to$ 上限

・$0 \to$ 下限 ⇒ $-1 \to$ 下限　　・$k + 1 \to$ 下限 ⇒ $k \to$ 下限

　　　　　　　　　　　　　　　・下限＞上限 ⇒ 下限 $+ 1 =$ 上限

確認 1

前ページの例で，入力する商品コードが次の（ア）（イ）の場合，空欄をうめなさい。

（ア）　入力データ「130」

	上限	下限	中央値	入力データ：中央値の内容
1回目	9	0		
2回目				
3回目				

（イ）　入力データ「110」

	上限	下限	中央値	入力データ：中央値の内容
1回目	9	0		
2回目				
3回目				

社員の残業時間などが記録されたデータを読み，第2図のように表示する流れ図の(1)～(5)にあてはまる記述を解答群から選び，記号で答えなさい。

◆入力データ

社員コード	基本給	諸手当	残業時間
(Scode)	(Kihon)	(Teate)	(Zan)

(第1図)

◆実行結果

(社員コード)	(基本給)	(諸手当)	(残業手当)	(支給総額)
1083	260,000	30,000	12,000	302,000
～	～	～	～	～

(第2図)

処理条件

(1) 下記の配列に，社員コードと社員ごとの残業時給単価が記憶されている。

社員コード　×××× ×××× ～ ××××
(Sya)　　　　 (0)　 (1)　～　(149)

残業時給単価 ×××× ×××× ～ ××××
(Jikyu)　　　 (0)　 (1)　～　(149)

配列の社員コードは，社員コードの昇順に並んでいる。また，Sya(0) の社員の残業時給単価はJikyu(0) のように，それぞれ対応している。

(2) 残業手当 ＝ 残業時間×残業時給単価
　　支給総額 ＝ 基本給＋諸手当＋残業手当

(3) 該当する社員コードが見つからなかったときは，"データエラー"を表示する。

── 解答群 ──

ア．Jo ＋ 1 → Ka　　イ．150 → Jo

ウ．n ＋ 1 → Ka　　エ．149 → Jo

オ．Ka＞Jo　　　　カ．Jo ＝ Ka

キ．Scode ＝ Sya(n)

ク．Zan × Jikyu(n) → Zante

ケ．Zan × Jikyu → Zante

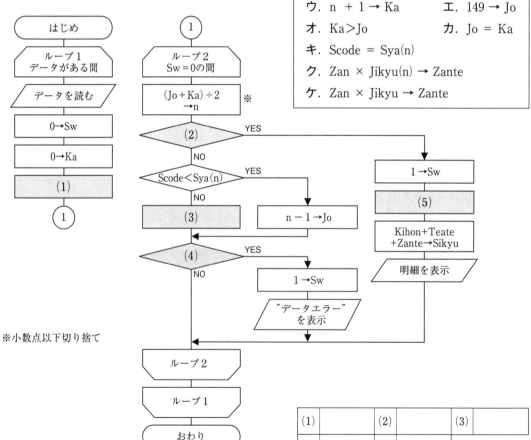

※小数点以下切り捨て

(1)		(2)		(3)	
(4)		(5)			

第1図のような売上データを読み，商品配列から該当する商品の単価を探索し，第3図のような売上一覧表を表示する。流れ図の(1)～(5)にあてはまる記述を解答群から選び，記号で答えなさい。

◆入力データ

商品コード (Uno) ×××	売上数量 (Usu) ×××

（第1図）

◆商品配列

	(Tno)	(Tan)
(0)	101	100
(1)	102	80
(2)	103	150
〜	〜	〜
(19)	120	200

（第2図）

◆実行結果

（商品コード)	（売上数量）	（単価）	（金額）
103	50	150	7,500
101	80	100	8,000
〜	〜	〜	〜

（第3図）

処理条件

(1) 第2図の商品配列の内容は，商品コード(Tno)を基準にして，昇順に整列されている。

(2) 該当する商品コードが見つかったときは，売上数量と単価（Tan）から金額を計算し，一覧表に表示する。

(3) 該当する商品コードが見つからなかったときは，エラー表示する。

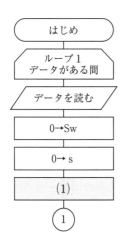

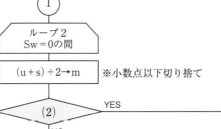

※小数点以下切り捨て

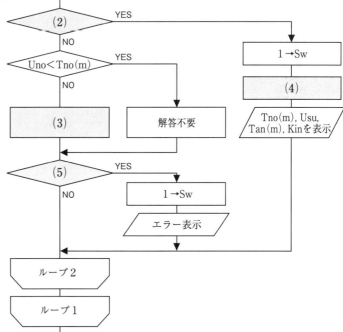

解答群

ア．m + 1 → s イ．19 → u ウ．Usu × Tan → Kin エ．Uno > Tno(m)

オ．Uno = Tno(m) カ．m − 1 → u キ．20 → u ク．s = u

ケ．Usu × Tan(m) → Kin コ．s > u

(1)		(2)		(3)		(4)		(5)	

3 多次元配列の利用

■1 2次元配列

①同じ性質のデータを数多く扱う場合，配列を利用することはすでに学習した。ここでは，2つの添字により要素の指定を行う**2次元配列**を扱う。

②2次元配列は，下のように図示すると理解しやすい。

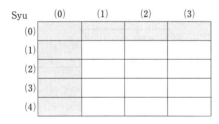

この配列に，Tblというデータ名をつけると

①はTbl（0, 2）

②はTbl（2, 1）となる。

↑ ↑
データ名(行, 列)

【例】売上高データを読み，営業所別・月別の売上高を配列Syuに集計し，実行結果のように表示する。

◆入力データ

営業所コード (Co)	月 (Tuki)	売上高 (Uri)

(注) 営業所コードは1〜4で1は仙台，
2は東京，3は大阪，4は福岡である。
月は，1〜3月である。

◆実行結果

	（1月）	（2月）	（3月）
（仙台）	12,560	25,000	38,000
（東京）	85,000	69,400	89,400
（大阪）	34,700	35,000	32,500
（福岡）	37,500	12,500	26,000

◆配列

Syu	(0)	(1)	(2)	(3)
(0)				
(1)				
(2)				
(3)				
(4)				

※改行はしない。

解説

① データの集計

2次元配列Syuの行を営業所コード，列を月として集計する。

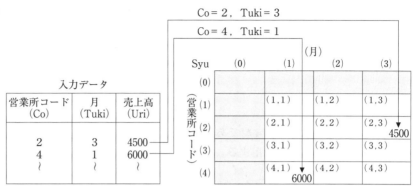

入力データ

営業所コード （Co）	月 （Tuki）	売上高 （Uri）
2	3	4500
4	1	6000
～	～	～

② 集計結果の表示

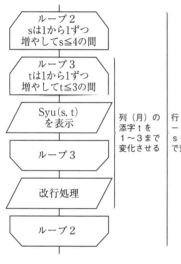

列（月）の添字 t を 1～3 まで変化させる

行（営業所コード）の添字 s を 1～4 まで変化させる

Syu	(0)	(1)	(2)	(3)
(0)				
(1)		12560	25000	38000
(2)		85000	69400	89400
(3)		34700	35000	32500
(4)		37500	12500	26000

ループ2

［1行目の表示］ s = 1　　t = 1　　t = 2　　t = 3
［2行目の表示］ s = 2　　t = 1　　t = 2　　t = 3
…………　　……　　……　　……
［4行目の表示］ s = 4　　t = 1　　t = 2　　t = 3

ループ3 →

2 多分岐の流れ図

分岐が3つ以上の流れ図は右のようになる。

【例】a＞b　のとき　a－b→p
　　　a＜b　のとき　b－a→p
　　　a＝b　のとき　何も処理をしない

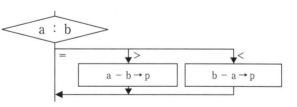

【例】年齢（Nen）が
　　　20代（20～29）のとき　　2→k
　　　30代（30～39）のとき　　3→k
　　　40代（40～49）のとき　　4→k
　　　それ以外のとき　　　　　0→k

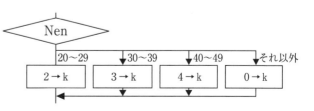

図書館の入館者データを読み，学年・組別に集計用配列 Nin に集計し，実行結果のように表示したい。流れ図の(1)～(3)にあてはまる記述を解答群から選び，記号で答えなさい。

◆入力データ

月日 (Hi)	学年 (Gn)	組 (Km)	番号 (Ba)

◆実行結果

	(1組)	(2組)	(3組)	(4組)
(1年)	13	16	20	7
(2年)	19	7	5	25
(3年)	5	1	9	13

処理条件

(1) 学年は 1 ～ 3 年，組は 1 ～ 4 組である。

(2) 集計用配列として Nin を使用する。

Nin	(0)	(1)	(2)	(3)	(4)	
(0)						
(1)						1年
(2)						2年
(3)						3年
	1組	2組	3組	4組		

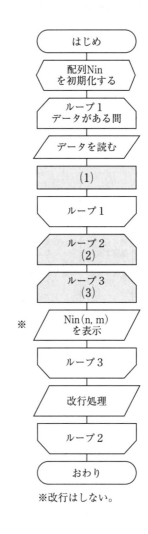

※改行はしない。

解答群

ア. m は 1 から 1 ずつ増やして m ≦ 4 の間

イ. Nin(Gn, Km) + 1 → Nin(Gn, Km)

ウ. Nin(Km, Gn) + 1 → Nin(Km, Gn)

エ. n は 1 から 1 ずつ増やして n ≦ 3 の間

(1)		(2)		(3)	

選択科目の希望調査データを読み，実行結果のように表示したい。流れ図の(1)～(4)にあてはまる記述を解答群から選び，記号で答えなさい。

◆入力データ

希望科目	性別
(Ka)	(Sei)

◆実行結果

	(男)	(女)	(計)
(科目1)	22	21	43
(科目2)	24	20	44
(科目3)	23	23	46
(科目4)	22	22	44
(科目5)	23	21	44

【処理条件】

(1) 希望科目は1～5であり，性別には男：0，女：1が記録されている。

(2) 集計用に以下の配列が用意されている。

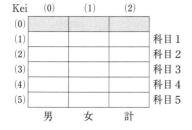

Kei	(0)	(1)	(2)	
(0)				
(1)				科目1
(2)				科目2
(3)				科目3
(4)				科目4
(5)				科目5
	男	女	計	

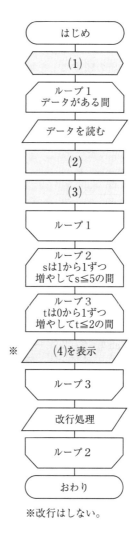

※改行はしない。

── 解答群 ──

ア．Kei(Ka, Sei) + 1
　　→Kei(Ka, Sei)

イ．配列 Kei を初期化する

ウ．Kei(t, s)

エ．Kei(Ka, 2) + 1
　　→Kei(Ka, 2)

オ．Kei(s, t)

(1)		(2)		(3)		(4)	

〔(2)，(3)は順不同〕

4 順位付け

データの値の大小によって，順位をつけることを**順位付け**という。
データが未整列の場合と整列 (分類) 済みの場合では処理が異なる。

■ データが未整列の場合の手法(1)

① 順位付けの配列の初期値を1とする。

② データの値の大きい (小さい) 順につける場合，基準値も含めて比較し，基準値のほうが小さい (大きい) とき，基準値の順位に1を加える。

【例】得点の高い順に順位付けを行う。

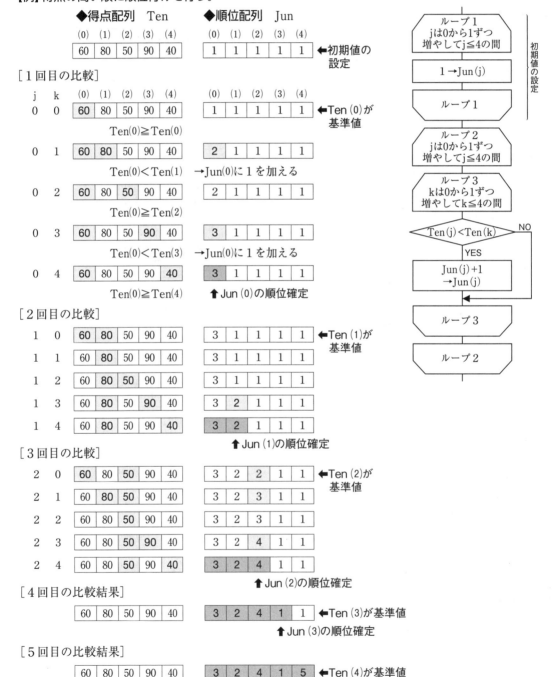

◆得点配列 Ten　　◆順位配列 Jun

[1回目の比較]

0 0 Ten(0)≧Ten(0) ←Ten(0)が基準値
0 1 Ten(0)<Ten(1) →Jun(0)に1を加える
0 2 Ten(0)≧Ten(2)
0 3 Ten(0)<Ten(3) →Jun(0)に1を加える
0 4 Ten(0)≧Ten(4) ↑Jun(0)の順位確定

[2回目の比較]

↑Jun(1)の順位確定 ←Ten(1)が基準値

[3回目の比較]

↑Jun(2)の順位確定 ←Ten(2)が基準値

[4回目の比較結果]

↑Jun(3)の順位確定 ←Ten(3)が基準値

[5回目の比較結果]

↑Jun(4)の順位確定 (すべての順位確定) ←Ten(4)が基準値

ループ1
jを0から1ずつ
増やしてj≦4の間

1→Jun(j)

ループ1

ループ2
jは0から1ずつ
増やしてj≦4の間

ループ3
kは0から1ずつ
増やしてk≦4の間

Ten(j)<Ten(k) ─NO

YES

Jun(j)+1
→Jun(j)

ループ3

ループ2

2 データが未整列の場合の手法(2)

データの値の大きい（小さい）順につける場合，比較して小さい（大きい）ほうの順位に1を加える。

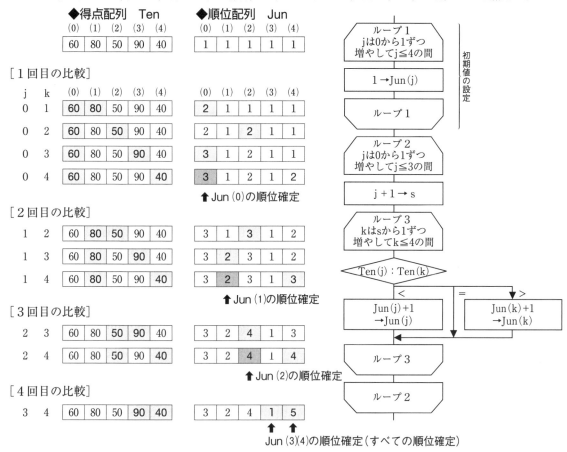

◆得点配列　Ten

(0)	(1)	(2)	(3)	(4)
60	80	50	90	40

◆順位配列　Jun

(0)	(1)	(2)	(3)	(4)
1	1	1	1	1

［1回目の比較］

j	k	(0)	(1)	(2)	(3)	(4)		(0)	(1)	(2)	(3)	(4)
0	1	60	80	50	90	40		2	1	1	1	1
0	2	60	80	50	90	40		2	1	2	1	1
0	3	60	80	50	90	40		3	1	2	1	1
0	4	60	80	50	90	40		3	1	2	1	2

↑Jun(0)の順位確定

［2回目の比較］

1	2	60	80	50	90	40		3	1	3	1	2
1	3	60	80	50	90	40		3	2	3	1	2
1	4	60	80	50	90	40		3	2	3	1	3

↑Jun(1)の順位確定

［3回目の比較］

2	3	60	80	50	90	40		3	2	4	1	3
2	4	60	80	50	90	40		3	2	4	1	4

↑Jun(2)の順位確定

［4回目の比較］

3	4	60	80	50	90	40		3	2	4	1	5

↑　　↑
Jun(3)(4)の順位確定（すべての順位確定）

（フローチャート：初期値の設定）
- ループ1　jは0から1ずつ増やしてj≦4の間
- 1→Jun(j)
- ループ1
- ループ2　jは0から1ずつ増やしてj≦3の間
- j+1→s
- ループ3　kはsから1ずつ増やしてk≦4の間
- Ten(j)：Ten(k)
  - ＜：Jun(j)+1→Jun(j)
  - ＝
  - ＞：Jun(k)+1→Jun(k)
- ループ3
- ループ2

3 データが整列済みの場合の手法

データが整列済みの場合は，1件目が1位，2件目が2位，……と順位をつければよい。
同点のデータの場合は，前の順位を保存しておく。

◆入力データ

得点
100
80
80
50
30

◆実行結果

(得点)	(順位)
100	1
80	2
80	2
50	4
30	5

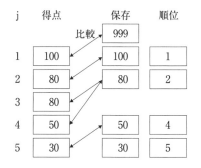

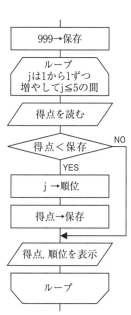

（フローチャート）
- 999→保存
- ループ　jは1から1ずつ増やしてj≦5の間
- 得点を読む
- 得点＜保存　NO／YES
  - YES：j→順位
  - 得点→保存
- 得点，順位を表示
- ループ

←1件目の得点を保存に入れるために
　　999→保存
としている。999でなくても，満点（100点満点ならば100）を超える数ならばいくつでもよい。

練習 1

　従業員の有給休暇の消化日数を記録したデータがある。このデータを読んで消化日数の少ない順に順位をつけて実行結果のように表示したい。ループ2からのトレース表を完成させなさい。

◆入力データ

従業員コード (Jco)	消化日数 (Su)

◆実行結果

(従業員コード)	(消化日数)	(順位)
H04A	8	2
H02B	15	5
N08A	18	6
〜	〜	〜

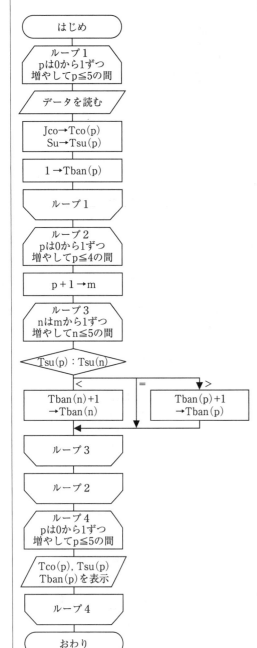

◆ 処理条件

(1) 従業員コード，消化日数を記録する配列をそれぞれ Tco，Tsu とする。

(2) 順位付けのための配列を Tban とする。

(3) 従業員の人数は6人とする。

(4) 同じ日数のときは同順位とする。

Tco

H04A	H02B	N08A	N03B	P12C	P07D
(0)	(1)	(2)	(3)	(4)	(5)

Tsu

8	15	18	12	8	5
(0)	(1)	(2)	(3)	(4)	(5)

Tban

(0)	(1)	(2)	(3)	(4)	(5)

トレース表

p	n	Tsu (p)	Tsu (n)	Tban					
				(0)	(1)	(2)	(3)	(4)	(5)
0	1	8	15	1	2	1	1	1	1
0	2	8	18	1	2	2	1	1	1
0	3	8	12						
0	4	8	8						
0	5	8	5						

商品別の売上利益に関するデータがある。このデータを読んで売上利益の多い順に順位をつけて，実行結果のように表示したい。流れ図の(1)～(5)にあてはまる記述を解答群から選び，記号で答えなさい。

◆入力データ

商品コード (Sco)	売上利益 (Ur)

◆実行結果

(商品コード)	(売上利益)	(順位)
1	2,500	15
2	3,820	8
～	～	～

処理条件

(1) 商品は 20 種類で，商品コードは 1 から順番に 20 までつけられており，商品コード順に入力される。

(2) 売上利益の配列を Tur とし，順位付けのための配列を Tj とする。

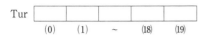
Tur （0）（1）～（18）（19）

Tj （0）（1）～（18）（19）

(3) 売上利益が同じときは同順位とする。

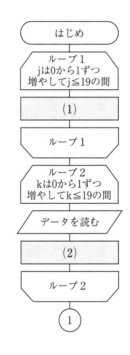

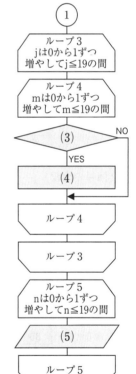

―解答群―

ア．0 → Tj(j)

イ．Tj(j) + 1 → Tj(j)

ウ．1 → Tj(j)

エ．Ur → Tur(k)

オ．Tur(j) < Tur(m)

カ．Tur(m) < Tur(j)

キ．n + 1, Tur(n), Tj(n) を表示

ク．n, Tur(n), Tj(n) を表示

(1)		(2)		(3)		(4)		(5)	

5 ソート

データを昇順または降順に並べ替えることをソート[※1]という。

ここでは，ソートの代表的手法である「バブルソート（交換法）」「セレクションソート（選択法）」「インサーションソート（挿入法）」について説明する。

・データを交換するためには，保存領域を設ける必要がある。

①→②→③の順序で転記し，交換を行う。

※1　整列や分類ともいう。

1 バブルソート（交換法）

バブルソートは，配列の隣りあうデータを比較し，昇順または降順でないときは交換する，という操作を繰り返してソートを行うアルゴリズムである。

【例】得点配列のデータを降順にバブルソートで並べ替える。

◆得点配列　Ten

(0)	(1)	(2)	(3)	(4)
60	80	40	90	50

［1回目の比較］

n	j	k	(0)	(1)	(2)	(3)	(4)	
3	0	1	60	80	40	90	50	←Ten(0)<Ten(1) なので交換
			↑交換↑					
3	1	2	80	60	40	90	50	←Ten(1)≧Ten(2) なので交換しない
3	2	3	80	60	40	90	50	←Ten(2)<Ten(3) なので交換
					↑交換↑			
3	3	4	80	60	90	40	50	←Ten(3)<Ten(4) なので交換
						交換↑↑		

［2回目の比較］

確定

n	j	k	(0)	(1)	(2)	(3)	(4)
2	0	1	80	60	90	50	40
2	1	2	80	60	90	50	40
				↑交換↑			
2	2	3	80	90	60	50	40

［3回目の比較］

↓確定

n	j	k	(0)	(1)	(2)	(3)	(4)
1	0	1	80	90	60	50	40
			↑交換↑				
1	1	2	90	80	60	50	40

［4回目の比較］

↓確定

n	j	k	(0)	(1)	(2)	(3)	(4)
0	0	1	90	80	60	50	40

・比較する回数は，「データ数−1」回である。

ただし，配列の0番地を使用するとき，nはさらに−1となる。

（フローチャート）

ループ1
nは3から1ずつ
減らしてn≧0の間

ループ2
jは0から1ずつ
増やしてj≦nの間

j + 1 → k

Ten(j) < Ten(k) ── NO

YES

① Ten(j) → 保存

② Ten(k) → Ten(j)

③ 保存 → Ten(k)

ループ2

ループ1

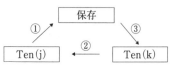

2 セレクションソート（選択法）

セレクションソートは，降順に並べ替える場合は最大値（昇順の場合は最小値）の添字を見つけ，比較が済んでから交換する，という操作を繰り返してソートを行うアルゴリズムである。

【例】得点配列のデータを降順にセレクションソートで並べ替える。

◆得点配列　Ten

	(0)	(1)	(2)	(3)	(4)
	60	80	40	90	50

［1回目の比較］

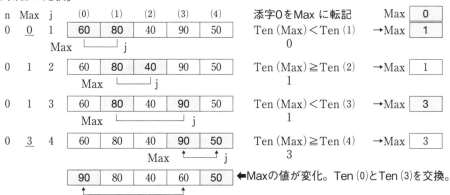

n	Max	j	(0)	(1)	(2)	(3)	(4)		
			60	80	40	90	50	添字0をMaxに転記	Max 0
0	0	1	60	80	40	90	50	Ten(Max)＜Ten(1) 0	→Max 1
0	1	2	60	80	40	90	50	Ten(Max)≧Ten(2) 1	→Max 1
0	1	3	60	80	40	90	50	Ten(Max)＜Ten(3) 1	→Max 3
0	3	4	60	80	40	90	50	Ten(Max)≧Ten(4) 3	→Max 3
			90	80	40	60	50	←Maxの値が変化。Ten(0)とTen(3)を交換。	

［2回目の比較］

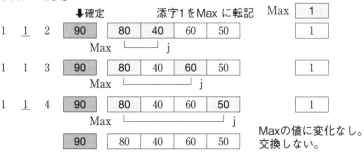

n	Max	j	(0)	(1)	(2)	(3)	(4)	
			↓確定		添字1をMaxに転記			Max 1
1	1	2	90	80	40	60	50	1
1	1	3	90	80	40	60	50	1
1	1	4	90	80	40	60	50	1
			90	80	40	60	50	Maxの値に変化なし。交換しない。

［3回目の比較］

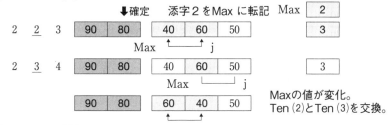

n	Max	j	(0)	(1)	(2)	(3)	(4)	
			90	↓確定	添字2をMaxに転記			Max 2
2	2	3	90	80	40	60	50	3
2	3	4	90	80	40	60	50	3
			90	80	60	40	50	Maxの値が変化。Ten(2)とTen(3)を交換。

［4回目の比較］

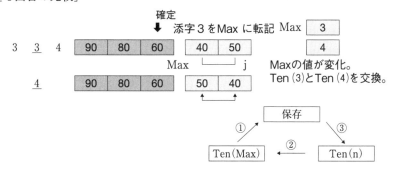

n	Max	j	(0)	(1)	(2)	(3)	(4)	
			90	80	確定 ↓ 添字3をMaxに転記			Max 3
3	3	4	90	80	60	40	50	4
	4		90	80	60	50	40	Maxの値が変化。Ten(3)とTen(4)を交換。

保存
① Ten(Max) ← ② Ten(n) ③

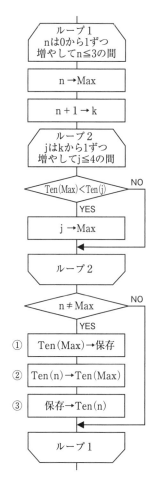

ループ1
nは0から1ずつ
増やしてn≦3の間

n→Max

n+1→k

ループ2
jはkから1ずつ
増やしてj≦4の間

Ten(Max)＜Ten(j) — NO
YES

j→Max

ループ2

n≠Max — NO
YES

① Ten(Max)→保存
② Ten(n)→Ten(Max)
③ 保存→Ten(n)

ループ1

3 インサーションソート（挿入法）

インサーションソートは，配列の整列済みの部分に対して新たな要素を適切な位置に挿入する，という操作を繰り返してソートを行うアルゴリズムである。

【例】得点配列のデータを降順にインサーションソートで並べ替える。

◆得点配列　Ten

(0)	(1)	(2)	(3)	(4)	(5)
60	80	40	90	50	

配列をデータ件数より1多く設定する。

［1回目の比較］

n	j	(0)	(1)	(2)	(3)	(4)	(5)	
1		60	80	40	90	50		←1件目のデータをTen(5)に転記
1		60	80	40	90	50	80	←挿入位置を決めるデータはTen(5)に転記
1	0	60	60	40	90	50	80	←挿入する位置を準備
1	-1	80	60	40	90	50	80	←挿入し，1回目の比較終了

［2回目の比較］

n	j	(0)	(1)	(2)	(3)	(4)	(5)
2		80	60	40	90	50	80
2		80	60	40	90	50	40
2	1	80	60	40	90	50	40

正しい位置にあるので入れ替えなし

［3回目の比較］

n	j	(0)	(1)	(2)	(3)	(4)	(5)
3		80	60	40	90	50	40
3		80	60	40	90	50	90
3	2	80	60	40	40	50	90
3	1	80	60	60	40	50	90
3	0	80	80	60	40	50	90
3	-1	90	80	60	40	50	90

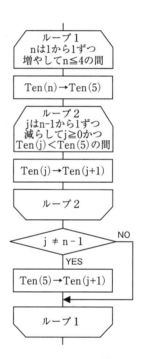

［4回目の比較］

n	j	(0)	(1)	(2)	(3)	(4)	(5)
4		90	80	60	40	50	90
4		90	80	60	40	50	50
4	3	90	80	60	40	40	50
4	2	90	80	60	50	40	50

※2

・インサーションソートでは，配列の要素は降順
（あるいは昇順）に並んでいる。
したがって，上の※2のように比較して，交換しなくて
もよい場合，それより上位の要素と比較は不要である。

次の配列において，tensu(k)がtensu(k + 1)より小さい場合，tensu(k)とtensu(k + 1)の値を交換したい。流れ図の(1)〜(3)にあてはまる処理を答えなさい。

tensu

| (0) | 〜 | (k) | (k + 1) | 〜 | (j) |

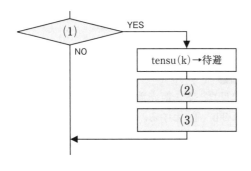

(1)

YES

NO

tensu(k)→待避

(2)

(3)

(1)	
(2)	
(3)	

次の配列において，ループが継続している間，tensu(k)の値をひとつずつ後ろに移動したい。流れ図の(1)にあてはまる処理を答えなさい。

tensu

| (0) | 〜 | (k) | (k + 1) | 〜 | (j) |

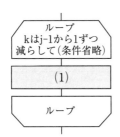

ループ
kはj-1から1ずつ
減らして(条件省略)

(1)

ループ

(1)	

販売員別のある商品の販売数量が記録されたデータがある。このデータを読んで販売数量の多い順に並べ替えて，実行結果のように表示したい。ループ2のトレース表を完成させなさい。

◆入力データ

販売員コード （Hco）	販売数量 （Su）

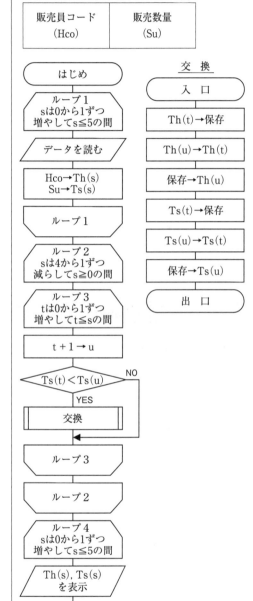

交　換

```
入　口
  ↓
Th(t)→保存
  ↓
Th(u)→Th(t)
  ↓
保存→Th(u)
  ↓
Ts(t)→保存
  ↓
Ts(u)→Ts(t)
  ↓
保存→Ts(u)
  ↓
出　口
```

◆実行結果

（販売員コード）	（販売数量）
002	52
003	33
006	28
〜	〜

処理条件

(1) 販売員コード，販売数量を記録する配列をそれぞれ Th，Ts とする。

(2) 販売員数は6人とする。

Th	001	002	003	004	005	006
	(0)	(1)	(2)	(3)	(4)	(5)

Ts	25	52	33	17	16	28
	(0)	(1)	(2)	(3)	(4)	(5)

トレース表

s	t	u	Ts (0)	(1)	(2)	(3)	(4)	(5)	交換
4	0	1	25	52	33	17	16	28	○
4	1	2	52	25	33	17	16	28	
4	2	3							
4	3	4							
4	4	5							

　サッカーのあるリーグ戦に関するデータがある。このデータを読んで、実行結果のように表示したい。流れ図の(1)〜(5)にあてはまる記述を解答群から選び、記号で答えなさい。

◆入力データ

チーム名 (m)	勝数 (k)	得点 (t)	失点 (p)

◆実行結果

(チーム名)	(勝数)	(得失点差)
カワサキベルギー	13	28
ナゴヤグランシャチ	13	25
〜	〜	〜

処理条件

(1)　勝数の多い順に表示する。勝数が同じ場合は、得失点差の大きい順とする。得失点差も同じ場合は入力された順とする。チーム数は 14 とする。

(2)　得失点差は右の式で計算する。得失点差＝得点−失点

(3)　チーム名を配列 Tm に、勝数を配列 Tk に、得失点差を配列 Ts に記憶する。

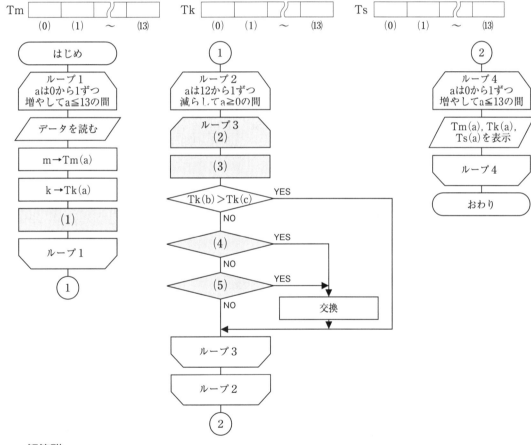

Tm ⎡　｜　｜ 〜 ｜　⎤　　Tk ⎡　｜　｜ 〜 ｜　⎤　　Ts ⎡　｜　｜ 〜 ｜　⎤
　　(0)　(1)　〜　(13)　　　　(0)　(1)　〜　(13)　　　　(0)　(1)　〜　(13)

─ 解答群 ─

ア. b + 1 → c　　　　**イ.** b は 13 から 1 ずつ減らして b ≧ 0 の間

ウ. t − p → Ts(a)　　**エ.** Ts(b) < Ts(c)　　　**オ.** t + p → Ts(a)

カ. Tk(b) < Tk(c)　　**キ.** b は 0 から 1 ずつ増やして b ≦ a の間

(1)		(2)		(3)		(4)		(5)	

部品に対する仕損品数のデータが配列に記憶されている。このデータを仕損品数の少ない部品の順に並べ替えて，実行結果のように表示したい。流れ図の(1)〜(5)にあてはまる記述を解答群から選び，記号で答えなさい。

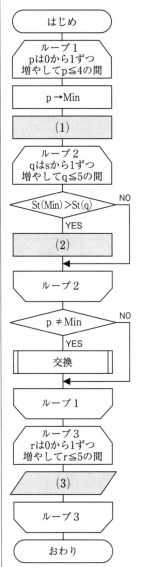

◆実行結果

（部品番号）	（仕損品数）
03	2
04	5
〜	〜

（第1図）

処理条件

(1) 部品番号の配列を Bt，仕損品数の配列を St とする。

(2) 部品数は6点とする。仕損品数が同じデータはないものとする。

(3) データは部品番号の昇順に記録されている。

Bt	00	01	02	03	04	05
	(0)	(1)	(2)	(3)	(4)	(5)

St	6	9	11	2	5	10
	(0)	(1)	(2)	(3)	(4)	(5)

解答群

ア．Bt(p) → Bt(Min)

イ．p + 1 → s

ウ．p → Min

エ．Bt(Min) → Bt(p)

オ．s + 1 → s

カ．Bt(r) , St(r) を表示

キ．q → Min

ク．Bt(保存), St(保存)を表示

ケ．保存→ St(p)

コ．St(Min) → St(p)

(1)		(2)		(3)		(4)		(5)	

　ある家族の買い物に関するデータがある。このデータを読んで，実行結果のように表示したい。流れ図の(1)～(5)にあてはまる記述を解答群から選び，記号で答えなさい。

◆入力データ

商店名 (Mei)	単価 (Tan)	往復の交通費 (Kh)

◆実行結果

（商店名）	（合計額）
オナガ商店	1,530
スーパー竹内	1,560
〜	〜

処理条件

(1)　商店別に洗剤の単価と自宅からその商店までの往復の交通費を調査した。ただし，洗剤は3箱購入するものとし，交通費も合わせて合計額とする。この合計額の低い順に表示する。なお，合計額が同じものは存在しないものとする。

(2)　商店名を配列 Tm へ，合計額を配列 Tg に記憶する。なお，調査した商店は10店以内とする。

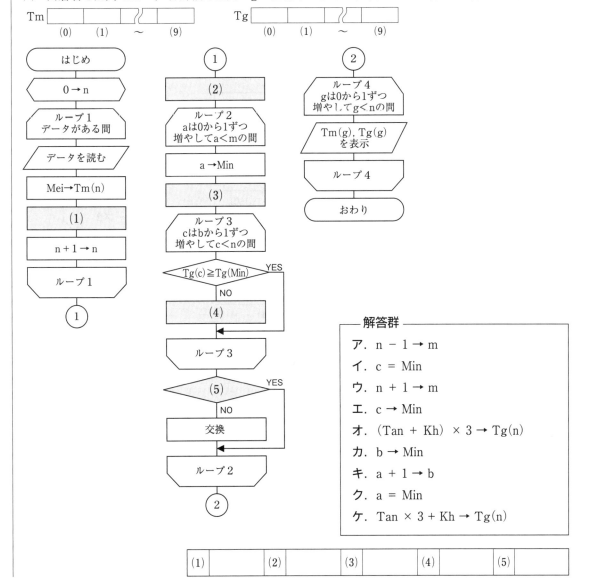

解答群

ア．$n - 1 \rightarrow m$

イ．$c = Min$

ウ．$n + 1 \rightarrow m$

エ．$c \rightarrow Min$

オ．$(Tan + Kh) \times 3 \rightarrow Tg(n)$

カ．$b \rightarrow Min$

キ．$a + 1 \rightarrow b$

ク．$a = Min$

ケ．$Tan \times 3 + Kh \rightarrow Tg(n)$

(1)		(2)		(3)		(4)		(5)	

あるスキージャンプ大会の記録データがある。このデータを読んで，実行結果のように表示したい。流れ図の(1)～(5)にあてはまる記述を解答群から選び，記号で答えなさい。

◆入力データ

選手名 （Mei）	1回目 （First）	2回目 （Second）

◆実行結果

（選手名）	（飛距離）
髙橋 沙羅	93
佐藤 有希	91
〜	〜
（平均）	76

処理条件

(1) 選手名の配列を Tm，飛距離の配列を Th とする。それぞれの配列は添字で対応している。

(2) 選手は 50 名以内であり，各選手は 2 回ジャンプをして，良い方の成績のみを使用する。

(3) 飛距離の大きい順に表示し，最後に全選手の平均飛距離を表示する。

(4) 条件式が「かつ」で複合されている場合，先に記述された条件式が偽となった時点で，判定を終了するものとする。

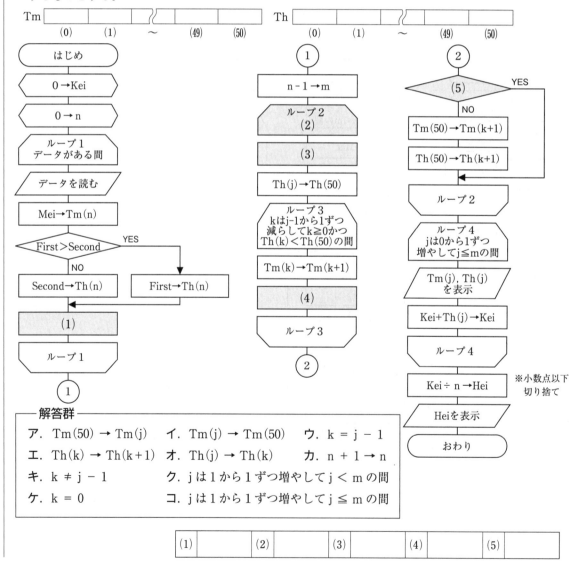

解答群
ア．Tm(50) → Tm(j)　　イ．Tm(j) → Tm(50)　　ウ．k = j − 1
エ．Th(k) → Th(k+1)　　オ．Th(j) → Th(k)　　カ．n + 1 → n
キ．k ≠ j − 1　　　　　　ク．j は 1 から 1 ずつ増やして j < m の間
ケ．k = 0　　　　　　　　コ．j は 1 から 1 ずつ増やして j ≦ m の間

(1)		(2)		(3)		(4)		(5)	

「問題を読みやすくするために，
　このページは空白にしてあります。」

1 ある学校の簿記のテストの得点データを読み，処理条件にしたがって成績一覧表を表示したい。
流れ図の(1)～(5)にあてはまる記述を解答群から選び，記号で答えなさい。

◆入力データ

組	氏名	得点
××	××××××××	×××

（第1図）

◆実行結果

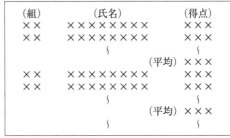

（第2図）

処理条件

(1) 入力データは組順に並んでいる。

(2) 組が変わるごとに組の平均点を表示する。

(3) 各組の人数は一定ではないので，組ごとに人数
を求め平均を計算する。

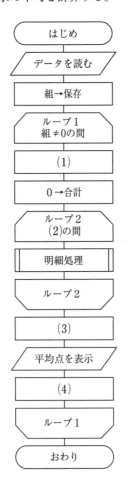

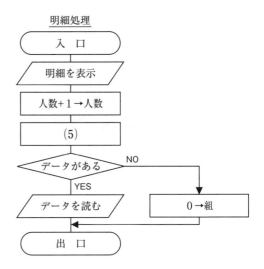

解答群

ア．組＝保存　　　　　イ．0→人数

ウ．組≠保存　　　　　エ．0→平均

オ．組→保存　　　　　カ．0→保存

キ．合計 ÷ 人数→平均点　　ク．合計 + 得点→合計

(1)		(2)		(3)		(4)		(5)	

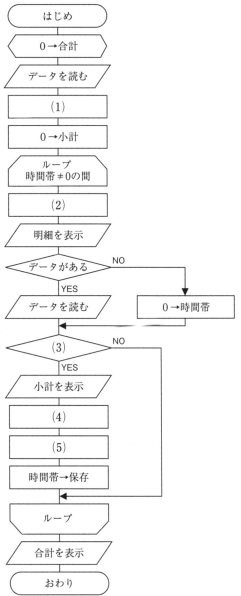

2 あるスポーツ用品店の時間帯別販売状況を第1図のような形式で読み，第2図のように表示する流れ図の(1)〜(5)にあてはまる記述を解答群から選び，記号で答えなさい。

◆入力データ

時間帯	品名	金額
××	×××××××	××××××

(第1図)

◆実行結果

```
(時間帯)      (品名)          (金額)
  10       グローブ          12,000
  10       サッカーシューズ    21,500
                (小計)        33,500
  11       スキー板          58,000
  〜         〜             〜
  22       バット            14,000
                (小計)       750,000
                (合計)     1,580,000
```

(第2図)

処理条件

(1) 入力データは時間帯を基準に昇順に整列されている。

(2) 店の営業時間は10時〜23時までである。

(3) 時間帯が変わるたびに，時間帯ごとの金額の小計を表示する。

(4) データがすべて終了したら金額の合計を表示する。

解答群

ア．合計を表示　　　　　イ．0→小計

ウ．合計＋金額→合計　　エ．時間帯→保存

オ．小計＋金額→小計　　カ．時間帯≠保存

キ．小計を表示　　　　　ク．合計＋小計→合計

ケ．時間帯＝保存

(1)		(2)		(3)		(4)		(5)	

3 社員の資格取得データを読んで取得状況を集計し，実行結果のように表示したい。流れ図の(1)～(3)にあてはまる記述を解答群から選び，記号で答えなさい。

◆入力データ

社員番号	船舶	自動車	特殊車両	情報技術
(Ban)	(K(0))	(K(1))	(K(2))	(K(3))

◆実行結果

	(船舶)	(自動車)	(特殊車両)	(情報技術)
(区分1)	1	10	3	5
(区分2)	2	8	1	7
(区分3)	0	3	0	12
(区分4)	2	2	0	0
(区分5)	35	17	36	16
(計)	5	23	4	24

処理条件

(1) 入力データのK(0)～K(3)にはそれぞれ，資格取得状況の区分が記録されており，その関係は下の表のとおりである。

区分	船舶	自動車	特殊車両	情報技術
1	1級	大型	クレーン	特殊
2	2級	普通	けん引	1種
3	3級	自動2輪	/	2種
4	4級	原付	/	/
5	なし	なし	なし	なし

(2) 配列 Syu に集計する。また，各列の0行目には資格取得者の人数を集計する。

Syu	(0)	(1)	(2)	(3)	(4)	
(0)						集計用
(1)						区分1
(2)						区分2
(3)						区分3
(4)						区分4
(5)						区分5

船舶　自動車　特殊車両　情報技術

(3) 特殊車両は区分3と4，情報技術は区分4のデータはないものとする。

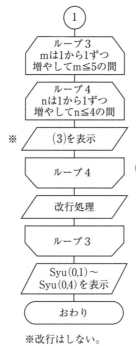

※改行はしない。

─ 解答群 ─

ア．$Syu(0, t + 1) + 1 \rightarrow Syu(0, t + 1)$

イ．$Syu(t, 0) + 1 \rightarrow Syu(t, 0)$

ウ．$Syu(s, t + 1) + 1 \rightarrow Syu(s, t + 1)$

エ．$Syu(m, n)$　　オ．$Syu(n, m)$

(1)		(2)		(3)	

4 出生・死亡・転入・転出について，地区ごとに対前年比率を求めたい。2021 年と 2022 年の２年間のデータを入力し，実行結果のように表示する流れ図の(1)〜(5)にあてはまる記述を解答群から選び，記号で答えなさい

◆入力データ

区分 (Bu)	人数 (Nin)	日付 (Day)	地区 (Ku)

◆実行結果

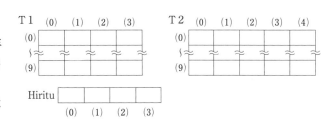

(地区)		(対前年比率)			前年 からの 増減数
	(出生者数)	(死亡者数)	(転入者数)	(転出者数)	
0	102 %	98 %	115 %	98 %	125
1	95 %	120 %	95 %	105 %	−102
～	～	～	～	～	～

処理条件

(1) 区分は　0：出生　　1：死亡
　　　　　　2：転入　　3：転出

(2) 地区は　0〜9で，日付は 2021 年 12月31日であれば「211231」と記録されている。

(3) 右の配列が用意されている。T1 は 2021 年用，T2 は 2022 年用である。

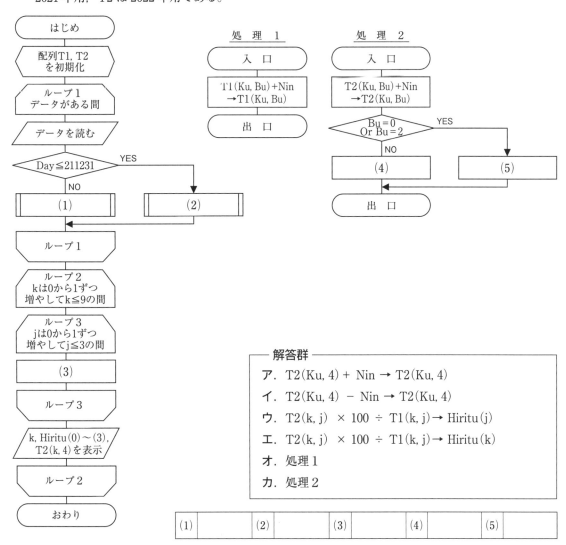

解答群

ア．T2(Ku, 4) + Nin → T2(Ku, 4)

イ．T2(Ku, 4) − Nin → T2(Ku, 4)

ウ．T2(k, j) × 100 ÷ T1(k, j) → Hiritu(j)

エ．T2(k, j) × 100 ÷ T1(k, j) → Hiritu(k)

オ．処理1

カ．処理2

(1)		(2)		(3)		(4)		(5)	

5 大相撲の力士別の勝ち数のデータがある。このデータを読んで力士別に勝ち数の多い順に順位をつけて，実行結果のように表示する流れ図の(1)～(5)にあてはまる記述を解答群から選び，記号で答えなさい。

◆入力データ

力士名 (Mei)	勝ち数 (Kati)

◆実行結果

(力士名)	(勝ち数)	(負け数)	(順位)
ハルノウミ	11	4	2
タカノヤマ	12	3	1
〜	〜	〜	〜

処理条件

(1) 力士名の配列を Tme，勝ち数の配列を Tka，順位付けのための配列を Tj とする。

Tme | | | 〜 | | (0) (1) 〜 (59)
Tka | | | 〜 | | (0) (1) 〜 (59)
Tj | | | 〜 | | (0) (1) 〜 (59)

(2) 力士の取組みは 15 回で，すべて「勝ち」「負け」のどちらかであり，引き分けはない。

(3) 力士は 60 人以内とする

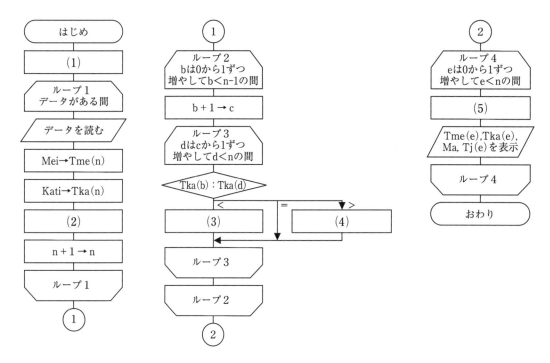

解答群

ア．Tj(b) + 1 → Tj(b)　　イ．Tj(c) + 1 → Tj(c)

ウ．Tj(d) + 1 → Tj(d)　　エ．0 → n

オ．1 → n　　　　　　　　カ．Tka(e) + 1 → Tka(e)

キ．15 − Tka(e) → Ma　　ク．0 → Tj(n)

ケ．0 → Tka(a)　　　　　コ．1 → Tj(n)

(1)		(2)		(3)		(4)		(5)	

6 ある企業のパソコンに関するデータがある。このデータを読んで，実行結果のように表示したい。流れ図の(1)～(5)にあてはまる記述を解答群から選び，記号で答えなさい。

◆入力データ

部課コード	社員数	台数
(Bk)	(Ss)	(Ps)

◆実行結果

(部課コード)	(導入率)	(優先順位)
S01	72.3(%)	7
S02	57.8(%)	3
〜	〜	〜

【処理条件】

(1) 以下の式によりパソコンの導入率を求める。

　　導入率（%）＝台数×100÷社員数（小数第2位以下切り捨て）

(2) 導入率の低い部課から優先順位をつける。導入率が同じ場合は同順位とする。

(3) 部課コードを配列 Tbk に，導入率を配列 Tr に，優先順位を配列 Tj に記憶する。なお，データ件数は d 件である。

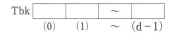

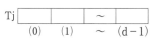

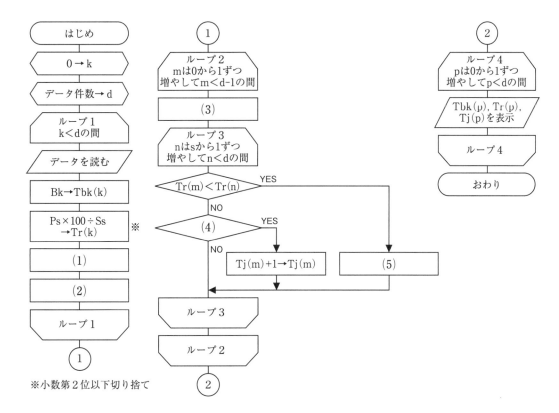

※小数第2位以下切り捨て

――― 解答群 ―――

ア．$Tr(m) \geq Tr(n)$　　イ．$1 \to Tj(k)$　　ウ．$m + 1 \to s$

エ．$1 \to Tr(k)$　　オ．$Tj(n) + 1 \to Tj(n)$　　カ．$Tr(m) > Tr(n)$

キ．$Tr(m) + 1 \to Tr(m)$　　ク．$m + 1 \to m$　　ケ．$k + 1 \to k$

(1)		(2)		(3)		(4)		(5)	

7 水泳部員の100m自由形の記録データがある。このデータを読んで，各自の目標タイムを超えた者をその差の大きい順に順位をつけて，実行結果のように表示したい。流れ図の(1)～(5)にあてはまる記述を解答群から選び，記号で答えなさい。

◆入力データ

部員番号 （Ban） ×××	本日の記録 （Kr） ××.××	目標タイム （Mt） ××.××

◆実行結果

（部員番号）	（本日の記録）	（目標タイム）	（順位）
001	57.63	57.99	12
～	～	～	～
004	58.46	58.70	15

処理条件

(1) 部員は 100 人以下である。

(2) 部員番号の配列を Bu，本日の記録・目標タイム・本日の記録と目標タイムとの差を下のような2次元配列 t で準備し，本日の記録を0列目に，目標タイムを1列目に，本日の記録と目標タイムとの差を2列目に記憶する。なお，差は次の式で求める。目標タイムを超えた部員は差の値が負数である。

　　　差＝本日の記録－目標タイム

(3) 順位配列を j とする。

(4) 本日の記録とはその部員の本日の最高記録のことである。

(5) 全部員の順位をつけるが，目標タイムを超えた部員のみ表示させる。

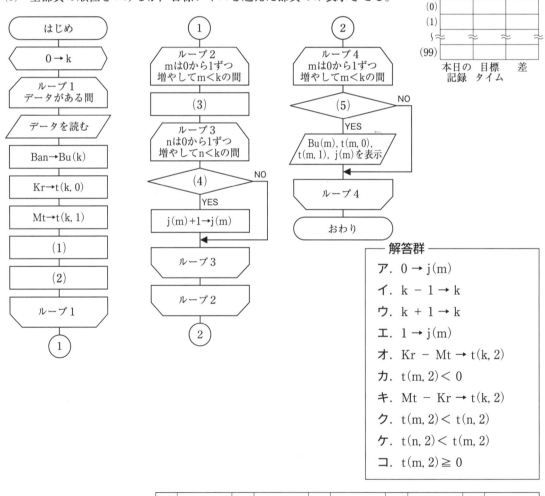

解答群

ア．$0 \rightarrow j(m)$

イ．$k - 1 \rightarrow k$

ウ．$k + 1 \rightarrow k$

エ．$1 \rightarrow j(m)$

オ．$Kr - Mt \rightarrow t(k, 2)$

カ．$t(m, 2) < 0$

キ．$Mt - Kr \rightarrow t(k, 2)$

ク．$t(m, 2) < t(n, 2)$

ケ．$t(n, 2) < t(m, 2)$

コ．$t(m, 2) \geqq 0$

(1)		(2)		(3)		(4)		(5)	

8 第１図のような映画館のある月の入場者データを入力し，処理条件にしたがって第２図のような料金実績表を表示したい。流れ図の(1)〜(5)にあてはまる記述を解答群から選び，記号で答えなさい。

◆入力データ

日付 (Hi) ××	大人入場者数 (a) ××	小人入場者数 (c) ×××

(第１図)

◆実行結果

(第２図)

処理条件

(1) 入場料金は大人 1,500 円，小人は 800 円となっている。

(2) 日付は配列 Thi に，料金収入額は配列 Tkin に，順位は配列 Tjun に記憶する。

(3) 入力するデータが終わったら，料金収入の多い順に順位をつけて日付順に表示する。

(4) 入力データは31日以内で日付の順になっており，エラーはないものとする。

配列

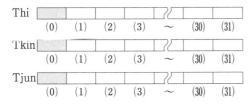

Thi
　(0) (1) (2) (3) 〜 (30) (31)

Tkin
　(0) (1) (2) (3) 〜 (30) (31)

Tjun
　(0) (1) (2) (3) 〜 (30) (31)

解答群

ア．$0 \rightarrow Tjun(i)$

イ．$i - 1 \rightarrow i$

ウ．$Tjun(j) + 1 \rightarrow Tjun(j)$

エ．n は 1 から 1 ずつ増やして $n \leq i$ の間

オ．$1 \rightarrow Tjun(i)$

カ．$Tjun(m) + 1 \rightarrow Tjun(m)$

キ．n は 1 から 1 ずつ増やして $n \leq h$ の間

ク．$0 \rightarrow i$

ケ．$i + 1 \rightarrow i$

コ．$i - 2 \rightarrow i$

サ．$1 \rightarrow i$

(1)		(2)		(3)	
(4)		(5)			

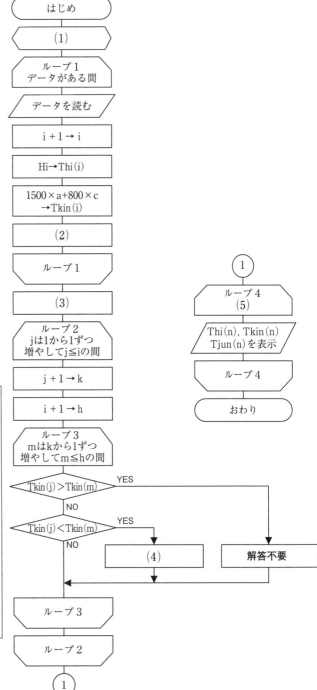

9 ある電気製品の販売店が1カ月間にわたりメーカー別に販売金額を集計したデータがある。この
データをもとにメーカー別の販売金額の多い順にソート（整列）し，実行結果のように表示したい。
流れ図の(1)～(5)にあてはまる記述を解答群から選び，記号で答えなさい。

◆入力データ

メーカーコード (m) ×××	製品コード (s) ××	数量 (Su) ×××	単価 (Tan) ××××××

◆実行結果

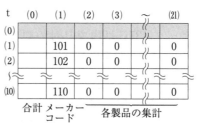

$\binom{メーカー}{コード}$	（販売金額）	（割合）
103	5,290,500	35.9%
〜	〜	〜
108	802,300	5.4%

処理条件

(1) 割合とは，販売金額合計に対するメーカー別の販売金額の割合をいう。

(2) メーカー別の販売金額が同じ場合はメーカーコードの昇順に表示する。

(3) 販売金額は配列 t に集計する。t(1, 1) ～ t(10, 1) にはメーカーコードが，その他には0があ
らかじめ記憶されている。

(4) メーカーコードは 101 ～ 110 の 10 社とし，製品コードは 1 ～ 20 の 20 品目とする。

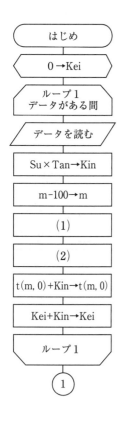

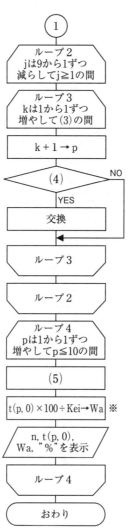

t	(0)	(1)	(2)	(3)	〜	(21)
(0)						
(1)		101	0	0	〜	0
(2)		102	0	0	〜	0
〜	〜	〜	〜	〜	〜	〜
(10)		110	0	0	〜	0

合計　メーカー　　各製品の集計
　　　コード

※小数第2位以下切り捨て

解答群

ア．t(k, 0) ≦ t(p, 0)

イ．p + 100 → n

ウ．s + 1 → s

エ．k ≦ 10

オ．k ≦ j

カ．t(p, 1) → n

キ．t(m, s) + Kin → t(m, s)

ク．t(s, m) + Kin → t(s, m)

ケ．t(k, 0) < t(p, 0)

(1)		(2)		(3)	
(4)		(5)			

10 ある高校の１学年の保健室の利用状況に関するデータがある。このデータを読んで年間の延べ利用人数（年間合計）の少ないクラス順に分類して，実行結果のように順位をつけて表示したい。流れ図の(1)～(5)にあてはまる記述を解答群から選び，記号で答えなさい。

◆入力データ

月 (t) ××	クラス (k) ×

◆実行結果

（クラス）	（４月）	～	（３月）	（年間合計）	（順位）
7	0	～	0	0	1
1	0	～	1	3	2
⟨	⟨		⟨	⟨	⟨

処理条件

(1) 入力データは，１回利用するごとに作成し，これが複数件ある。
(2) 配列 Ta を用いてクラス別・月別の保健室利用数を集計する。あらかじめ Ta(1, 0) ～ Ta(8, 0) にはクラスが，その他には 0 が入っているものとする。
(3) 年間合計が同じ場合，クラスの昇順に表示する。
(4) クラスは 8 クラスとする。

Ta

	（クラス） (0)	（４月） (1)	（５月） (2)	（６月） (3)	～	（３月） (12)	（年間合計） (13)
(0)							
(1)	1	0	0	0	≪	0	0
(2)	2	0	0	0	≪	0	0
⟨	≈	≈	≈	≈		≈	≈
(8)	8	0	0	0	≪	0	0

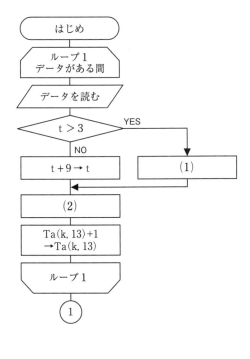
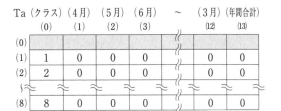
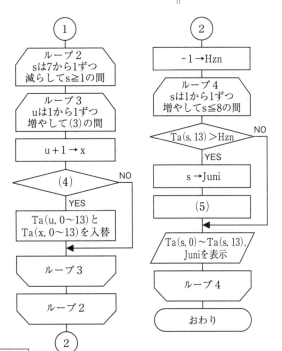

解答群

ア．u ≦ x　　イ．Ta(k, t) + 1 → Ta(k, t)

ウ．Ta(k, t + 3) + 1 → Ta(k, t + 3)

エ．Ta(u, 13) > Ta(x, 13)

オ．Ta(s, 13) → Hzn　　カ．t - 4 → t

キ．t - 3 → t　　ク．u ≦ s

(1)		(2)		(3)	
(4)		(5)			

11 あるスーパーマーケットでの駐車場の利用状況に関するデータがある。このデータを読んで時間帯ごとの駐車台数の合計を集計し，駐車台数の合計が少ない時間帯順に分類し，実行結果のように表示したい。流れ図の(1)～(5)にあてはまる記述を解答群から選び，記号で答えなさい。

◆入力データ

時間帯 (t) ××	区分 (k) ×	車コード (c) ×

◆実行結果

(時間帯)	(普通)	(軽)	(大型)	(合計)
18	27	14	0	41
～	～	～	～	～
14	51	35	9	95

処理条件

(1) スーパーマーケットの営業は10時～19時とし，19時ちょうどの駐車場への入車はないものとする。

(2) 区分は1が入車，2が出車であり，駐車場の収容台数は100台とする。現台数が100台の場合，区分1が入力されたら画面上に"駐車できません"と表示する。

(3) 車コードは1が普通自動車，2が軽自動車，3が大型自動車である。

(4) 集計には配列Tbを用いる。配列にはあらかじめ時間帯と0が設定されている。

	(10時台) (0)	(11時台) (1)	～	(18時台) (8)	(現台数) (9)	
(0)	10	11		18		(時間帯)
(1)	0	0		0	0	(普通)
(2)	0	0		0	0	(軽)
(3)	0	0		0	0	(大型)
(4)	0	0		0	0	(合計)

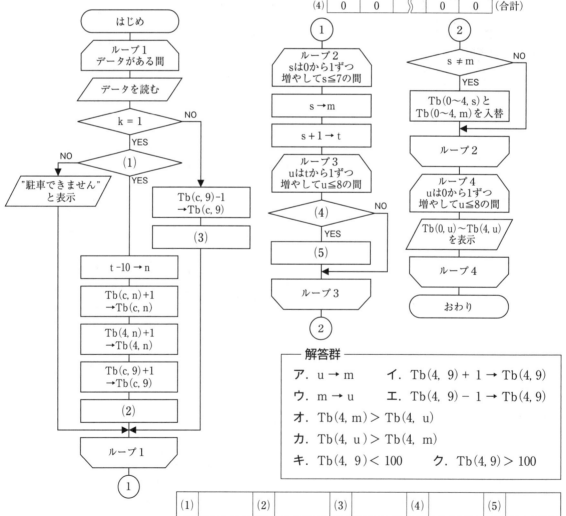

解答群

ア．u → m イ．Tb(4, 9) + 1 → Tb(4, 9)

ウ．m → u エ．Tb(4, 9) − 1 → Tb(4, 9)

オ．Tb(4, m) > Tb(4, u)

カ．Tb(4, u) > Tb(4, m)

キ．Tb(4, 9) < 100 ク．Tb(4, 9) > 100

(1)	(2)	(3)	(4)	(5)

12 あるサーキットでの自動車レースの予選データがある。このデータをもとに決勝に進出する選手を決定したい。流れ図の(1)～(6)にあてはまる記述を解答群から選び，記号で答えなさい。

◆入力データ

カーナンバー (Cn) ××	予選タイム (Kr) ×××.××

◆実行結果

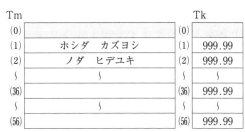

(選手名)	(予選タイム)
カタヤマ サキョウ	118.58
〜	〜

【処理条件】

(1) 予選はサーキット1周にかかるタイムで競われる。タイムは何周でも計測でき，1人の選手について複数件のデータがあるが，最もよいタイムを予選タイムとする。

(2) 予選タイムのよい選手順に上位20名を選び，表示する。

(3) 予選に参加する選手は35名で，カーナンバーは1～35であり，添字と対応している。

(4) 配列 Tm, Tk の(1)～(35)は選手名・予選タイムの記憶に用いられ，(36)～(56)は分類用に用いられる。あらかじめ，配列 Tm の(1)～(35)には選手名が，配列 Tk には999.99が記憶されている。

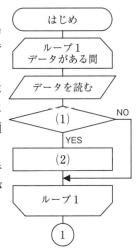

Tm	
(0)	
(1)	ホシダ カズヨシ
(2)	ノダ ヒデユキ
〜	〜
(36)	
〜	〜
(56)	

Tk	
(0)	
(1)	999.99
(2)	999.99
〜	〜
(36)	999.99
〜	〜
(56)	999.99

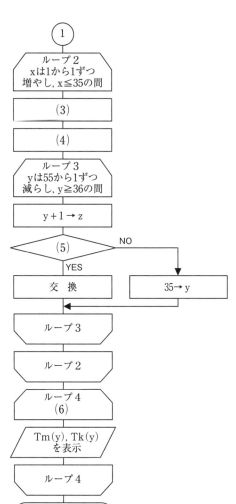

―解答群―

ア．Kr → Tk(x)

イ．Kr < Tk(x)

ウ．Kr → Tk(Cn)

エ．Tm(x) → Tm(56)

オ．Kr < Tk(Cn)

カ．Tk(x) → Tk(56)

キ．Tk(y) < Tk(z)

ク．y は36から1ずつ増やし y ≦ 55の間

ケ．y は36から1ずつ増やし y ≦ 56の間

コ．Tk(y) > Tk(z)

(1)		(2)		(3)		(4)		(5)		(6)	

〔(3), (4)は順不同〕

13　ある高等学校の部活動予算使用データがある。このデータを読んで、実行結果のように表示したい。流れ図の(1)～(6)にあてはまる記述を解答群から選び、記号で答えなさい。

◆入力データ

部活動コード （Bu）	使用月 （Tsuki）	使用額 （Kin）

◆実行結果

（部 活 動 名）	（使用月）	（使用額）
ブラスバンド部	4	17,000
ブラスバンド部	6	21,000
～		～
（小計）		153,000
～		～
速記部	5	9,000
速記部	9	6,000
（小計）		34,100
（総計）		352,700
（使用件数）		86

処理条件

(1)　部活動予算使用データは、部活動コードを基準に昇順に並んでいる。

(2)　配列はあらかじめデータが記憶されており、部活動コードは昇順に並んでいる。入力された部活動コードをもとに部活動名を探索し表示する。

(3)　該当する部活動コードが見つからなかったときは、エラーメッセージを部活動名に用いる。

(4)　部活動コードが変わるごとに使用額の小計を表示する。

(5)　条件が「かつ」で複合されている場合、先に記述された条件式が偽となった時点で、判定を終了するものとする。

(6)　最後に総計と使用件数を表示し処理を終了する。

部活動コード （BCode）		11	～	35
	(0)	(1)	～	(25)

部活動名 （BMei）		ブラスバンド部	～	速記部
	(0)	(1)	～	(25)

解答群

ア．"コードエラー" → Mei

イ．Kazu ＋ 1 → Kazu

ウ．Mei, Tsuki, Kinを表示

エ．Kazu ＋ Kin → Kazu

オ．Bu → Hozon

カ．25 → Ue

キ．Bu → Mei

ク．Bu, Tsuki, Kinを表示

ケ．BMei(25) → Mei

コ．26 → Ue

サ．BCode(Naka) < Bu

シ．BCode(Naka) > Bu

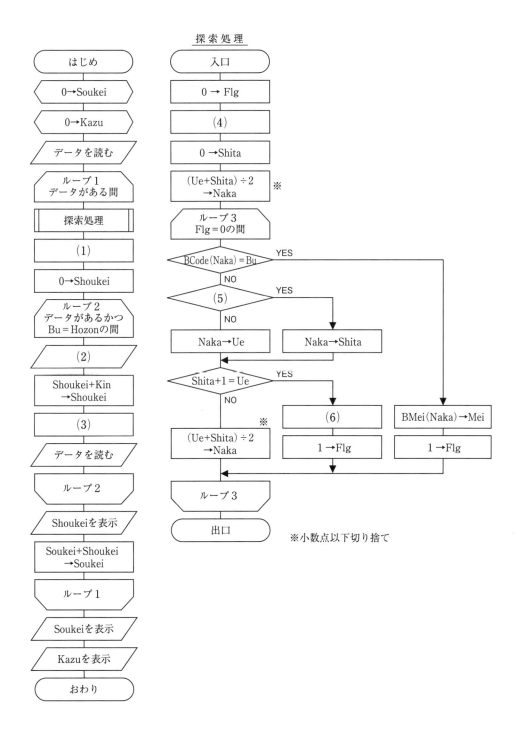

探索処理

| はじめ | | 入口 |

0→Soukei

0→Kazu

データを読む

ループ1
データがある間

探索処理

(1)

0→Shoukei

ループ2
データがあるかつ
Bu＝Hozonの間

(2)

Shoukei+Kin
→Shoukei

(3)

データを読む

ループ2

Shoukeiを表示

Soukei+Shoukei
→Soukei

ループ1

Soukeiを表示

Kazuを表示

おわり

0 → Flg

(4)

0 →Shita

(Ue+Shita)÷2
→Naka　※

ループ3
Flg＝0の間

BCode(Naka)＝Bu　YES

NO

(5)　YES

NO

Naka→Ue　　Naka→Shita

Shita+1＝Ue　YES

NO

(6)　　　BMei(Naka)→Mei

※
(Ue+Shita)÷2
→Naka

1 →Flg　　1 →Flg

ループ3

出口

※小数点以下切り捨て

(1)		(2)		(3)		(4)		(5)		(6)	

14 家電量販店の売上データを読んで，実行結果のように表示したい。流れ図の(1)～(5)にあてはまる記述を解答群から選び，記号で答えなさい。

◆入力データ

店舗番号 (Mise)	売上高 (Uri)	返品高 (Hen)

◆実行結果

(店　舗　名)	(売 上 高)	(順位)	(返 品 高)	(順位)
カマダ電気	3,738,000	1	130,000	13
トヨハシカメラ	1,626,000	12	45,000	1
〜	〜	〜	〜	〜
ユジマ	2,738,000	6	121,000	10
その他	969,600	16	54,000	3

処理条件

(1) 配列 Shu の 0 列目に店舗名はあらかじめ記憶されている。

(2) 配列 Shu の 1 列目に売上高を，3 列目に返品高を集計する。

(3) 配列 Shu の 2 列目には売上高の降順に順位を，4 列目には返品高の昇順に順位を付け，それぞれ記憶する。金額が同じ場合は同順位とする。

(4) 店舗番号は 1 ～ 30 である。店舗番号 1 ～ 15 は配列 Shu の行方向の添字と対応しているが，店舗番号 16 ～ 30 はその他の店舗として 16 行目にまとめて集計する。

(5) データにエラーはないものとする。

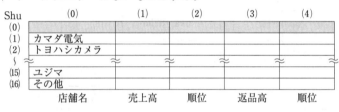

解答群

ア．Shu(a, 3) ≦ Shu(b, 3)

イ．1 → Shu(Mise, 2)

ウ．Shu(a, 1) ≦ Shu(b, 1)

エ．Shu(a, 3) ≧ Shu(b, 3)

オ．1 → Shu(a, 4)

カ．Shu(Mise, 0) + Uri → Shu(Mise, 0)

キ．Shu(a, 1) > Shu(b, 1)

ク．Shu(a, 3) < Shu(b, 3)

ケ．16 → Mise

コ．Shu(a, 1) < Shu(b, 1)

サ．Shu(Mise, 1) + Uri → Shu(Mise, 1)

シ．Shu(a, 1) ≧ Shu(b, 1)

ス．Shu(a, 3) > Shu(b, 3)

セ．0 → Mise

ソ．1 → Shu(Mise, 4)

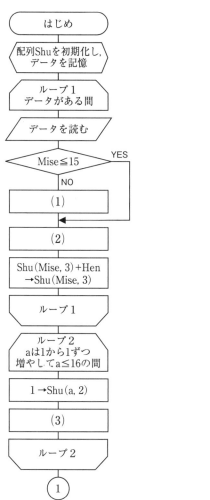

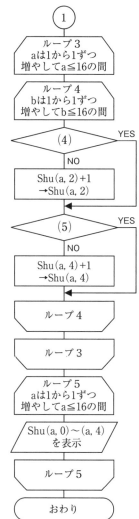

(1)		(2)		(3)		(4)		(5)	

15 あるホテルグループの社内接客コンテスト採点データがある。このデータを読んで，優勝した従業員を表示したい。流れ図の(1)～(6)にあてはまる記述を解答群から選び，記号で答えなさい。

◆入力データ

従業員コード ×× (Em)	審査員コード × (Ju)	点数 ×× (Po)

◆実行結果

(ヨコハマホテルズ接客コンテスト優勝者)
(点数) 93 　　(従業員名) 柴原美咲　沖村舞子

■処理条件■

(1) 入力データは従業員コード，審査員コードの昇順に記録されており，エラーはないものとする。

(2) コンテストに参加した従業員は50名で，1～50までの従業員コードがつけられている。

(3) 審査員コードは1～8までであるが，審査員コード7と8は重役のため，点数を2倍に換算する。

(4) 従業員名は配列 Con の0列目に従業員コード順にあらかじめ記憶されている。

(5) 点数の降順に順位をつけ，1位の従業員を表示する。ただし，同順位の従業員が複数になる場合もあり，1位の該当者が複数いればその全員を表示する。

Con	(0)	(1)	(2)
(0)			
(1)	鮫島亮治		
～	～	～	～
(50)	三浦秀忠		
	従業員名	点数	順位

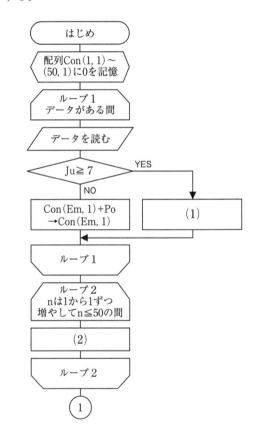

――解答群――

ア．p + 1 → q

イ．Con(Em, 1) + Po × 2 → Con(Em, 1)

ウ．Con(q, 2) + 1 → Con(q, 2)

エ．Con(n, 1) → MaxTen

オ．Con(n, 2) = MaxTen

カ．n + 1 → q

キ．p + 1 → n

ク．Con(Em, 1) + 1 → Con(Em, 1)

ケ．0 → Con(n, 2)

コ．MaxTen → Con(n, 1)

サ．Con(n, 2) = 1

シ．Con(r, 2) + 1 → Con(r, 2)

ス．1 → Con(n, 2)

セ．Con(p, 2) + 1 → Con(p, 2)

ソ．Con(Em, 1) × 2 + Po → Con(Em, 1)

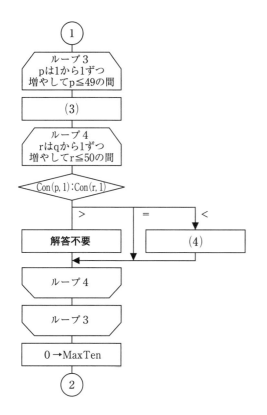

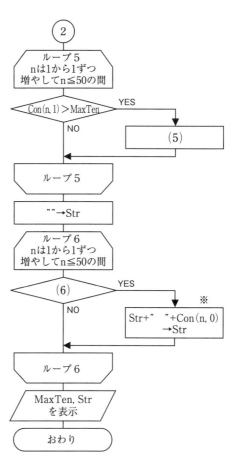

※ここでの「+」は,文字列結合を意味する。

(1)		(2)		(3)		(4)		(5)		(6)	

16 重量挙げ大会の記録データがある。このデータを読んで，大会入賞者一覧表を表示したい。流れ図の(1)〜(5)にあてはまる記述を解答群から選び，記号で答えなさい。

◆入力データ

選手名 (Name)	スナッチ (Sn)	ジャーク (Je)

◆実行結果

(重量挙げ大会入賞者一覧表)		
(順位)	(記録)	(氏名)
1	176(kg)	宮地 宏美
2	161	三木 かなえ
3	159	安藤 希美子

▶ 処理条件

(1) 競技は「スナッチ」と「ジャーク」に分かれており，それぞれ3回挑戦する。最も良い記録が入力データとなっている。ただし，いずれかの競技に3回とも失敗した場合は0が入力されており，失格となる。

(2) 選手は最大30人までで，少なくとも3人以上は失格ではない記録がある。また，合計得点が同じ記録の選手はいないものとし，入力データのエラーもない。

(3) 配列Recを用いて競技の合計得点を降順に並べ替え，上位3名を表示する。

(4) 条件式が「かつ」で複合されている場合，先に記述された条件式が偽となった時点で，判定を終了するものとする。

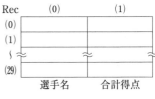

─ 解答群 ─

ア．Sn + Je → Rec(Nin, 1)

イ．s + 1, Rec(s, 0) 〜 (s, 1) を表示

ウ．Rec(r, 0) 〜 (r, 1)→Rec(r + 1, 0) 〜 (r + 1, 1)

エ．Ho(0) 〜 (1)→Rec(r, 0) 〜 (r, 1)

オ．Sn + Je → Rec(1, Nin)

カ．Rec(p, 0) 〜 (p, 1)→Ho(0) 〜 (1)

キ．s, Rec(s, 0) 〜 (s, 1) を表示

ク．Ho(0) 〜 (1) → Rec(r + 1, 0) 〜 (r + 1, 1)

ケ．Rec(r, 0) 〜 (r, 1) → Rec(r − 1, 0) 〜 (r − 1, 1)

コ．Rec(q, 0) 〜 (q, 1) → Ho(0) 〜 (1)

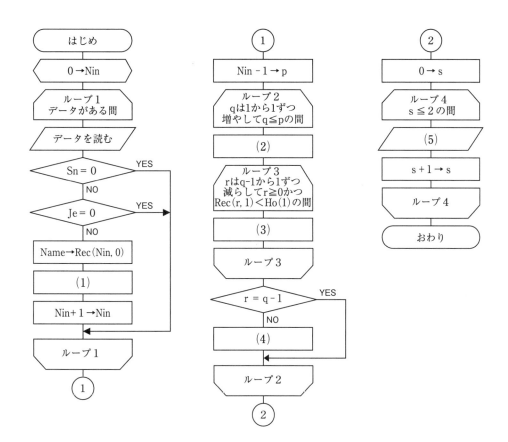

(1)		(2)		(3)		(4)		(5)	

17　将棋の格付けに関するデータがある。このデータを読んで，格付けが高い順に一覧表を表示したい。流れ図の(1)〜(6)にあてはまる記述を解答群から選び，記号で答えなさい。

◆入力データ

棋士名 (Namae)	位 (Kurai)	区分 (Kubun)

◆実行結果

（棋　士　名）	（格付け）
羽生善明	9段
〜	〜
渡辺　清	初段
豊島寛之	1級
〜	〜
藤井翔太	4級

処理条件

(1)　入力データの位は1が段，2が級で，区分は1〜9（段または級）である。例えば，初段であれば位に1，区分に1が記憶されている。

(2)　棋士は全部で30名以内であり，段と級はともに2名以上存在するものとする。

(3)　段は9段が最高位で初段まであり，級は1級から6級までである。

(4)　段は配列 Dan で，級は配列 Kyu で整列をし，実行結果のように表示を行う。

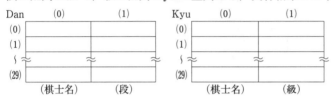

解答群

ア．s は k − 1 から 1 ずつ減らして s ≧ 0 の間

イ．Kurai = 2

ウ．Kyu(t, 1) < Kyu(t + 1, 1)

エ．s は 0 から 1 ずつ増やして s ≦ k の間

オ．Kyu(t, 1) > Kyu(t + 1, 1)

カ．Kyu(s, 0) 〜 (s, 1)，"級" を表示

キ．Kurai = 1

ク．Dan(t + 1, 0) 〜 (t + 1, 1) → 待避

ケ．Dan(t, 0) 〜 (t, 1) → 待避

コ．Dan(t, 1) > Dan(t + 1, 1)

サ．Dan(t, 1) < Dan(t + 1, 1)

シ．s は k から 1 ずつ減らして s ≧ 0 の間

ス．Dan(s, 0) 〜 (s, 1)，"初段" を表示

セ．Dan(s, 0)，"初段" を表示

ソ．s は d から 1 ずつ減らして s ≧ 0 の間

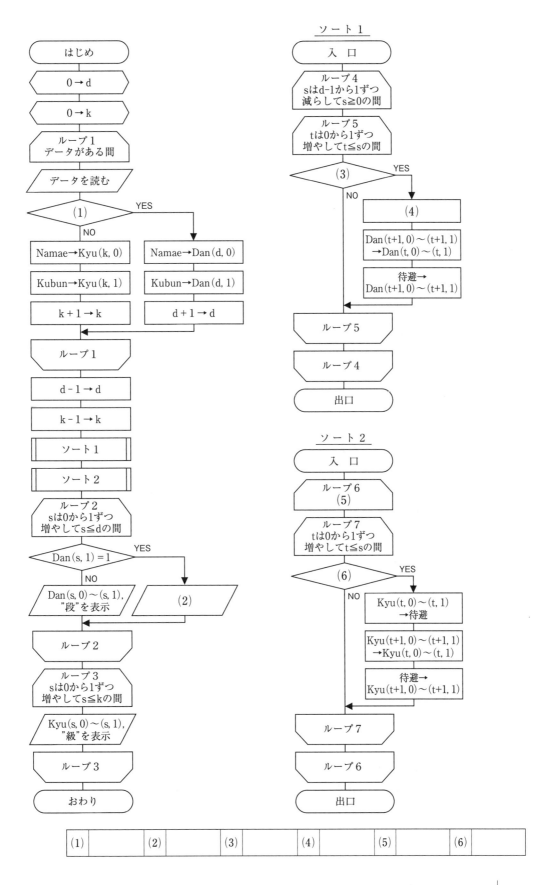

ソート1

| 入口 |

ループ4
sはd-1から1ずつ
減らしてs≧0の間

ループ5
tは0から1ずつ
増やしてt≦sの間

(3)　YES

(4)

Dan(t+1, 0)〜(t+1, 1)
→Dan(t, 0)〜(t, 1)

待避→
Dan(t+1, 0)〜(t+1, 1)

ループ5

ループ4

出口

ソート2

入口

ループ6
(5)

ループ7
tは0から1ずつ
増やしてt≦sの間

(6)　YES

Kyu(t, 0)〜(t, 1)
→待避

Kyu(t+1, 0)〜(t+1, 1)
→Kyu(t, 0)〜(t, 1)

待避→
Kyu(t+1, 0)〜(t+1, 1)

ループ7

ループ6

出口

はじめ

0 → d

0 → k

ループ1
データがある間

データを読む

(1)　YES

NO

Namae→Kyu(k, 0)　　　Namae→Dan(d, 0)

Kubun→Kyu(k, 1)　　　Kubun→Dan(d, 1)

k + 1 → k　　　　　　　d + 1 → d

ループ1

d - 1 → d

k - 1 → k

ソート1

ソート2

ループ2
sは0から1ずつ
増やしてs≦dの間

Dan(s, 1) = 1　YES

NO

Dan(s, 0)〜(s, 1),
"段"を表示　　　(2)

ループ2

ループ3
sは0から1ずつ
増やしてs≦kの間

Kyu(s, 0)〜(s, 1),
"級"を表示

ループ3

おわり

(1)		(2)		(3)		(4)		(5)		(6)	

18 流れ図の説明を読んで，流れ図の(1)〜(5)を答えなさい。

＜流れ図の説明＞

◆処理内容

　アニメショップにおける缶バッジの売上データを読み，集計結果を表示する。

◆入力データ

店No (ShopNo) ×	コード (code) ×	売上数 (qua) ×× ×

(第1図)

◆実行結果

（ショップ名）	（じゅうおん）	（なるきゅう）	（2ピース　）	（となりの山）	（はまぐり君）
福島S_PoL	141	79	59	99	34
仙台E_BeA	165	128	19	47	78
郡山Y_DoB	47	37	8	121	142

```
じゅうおん    176,500
となりの山    133,500
はまぐり君    127,000
なるきゅう    122,000
2ピース       43,000
```

（最高売上）仙台E_BeA　じゅうおん　165（個）

(第2図)

処理条件

(1)　第1図の入力データは，ショップの売上データである。店No はショップの番号であり1〜3の3店舗ある。コードは缶バッジのコードで1〜5の5種類となっている。

(2)　第1図の入力データを読み，配列 Spred に売上数を集計する。また，配列 STotal にコードを記憶するとともに売上金額を計算し集計する。配列 ShopName にはショップ名があらかじめ記憶され，ShopName の添字は店No と対応している。また，配列 CanName には缶バッジ名があらかじめ記憶され，CanName の添字はコードと対応している。なお，売上金額は次の式で求める。

　　売上金額＝売上数×５００円

配列

ShopName	(0)	(1)	(2)	(3)		
		福島S_PoL	仙台E_BeA	郡山Y_DoB		

CanName	(0)	(1)	(2)	(3)	(4)	(5)
		じゅうおん	なるきゅう	2ピース	となりの山	はまぐり君

Spred	(0)	(1)	(2)	(3)	(4)	(5)
(0)						
(1)						
(2)						
(3)						

STotal	(0)	(1)	(2)	(3)	(4)	(5)	
(0)							（コード）
(1)							（売上金額）

(3)　配列 Spred に売上数をショップ名，缶バッジごとに集計し，表示する。

(4)　配列 STotal に集計した値を売上金額の降順に整列し，表示する。

(5)　店Noごとの缶バッジ売上数の中で一番多いものを配列Spredから調べ，ショップ名，缶バッジ名，売上数を表示する。

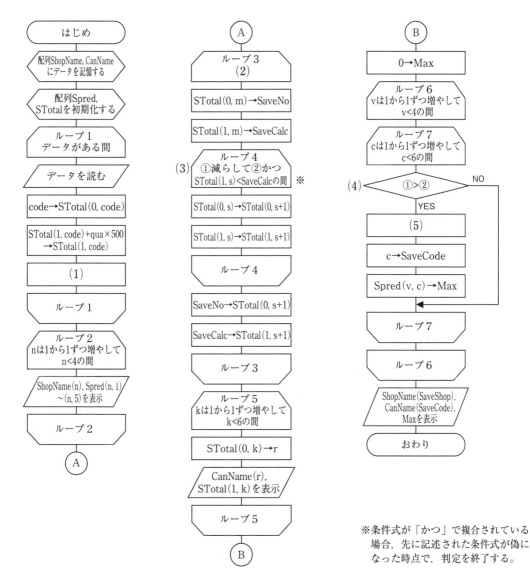

フローチャート

- はじめ
- 配列ShopName, CanName にデータを記憶する
- 配列Spred, STotalを初期化する
- ループ1 データがある間
- データを読む
- code→STotal(0, code)
- STotal(1, code) + qua×500 →STotal(1, code)
- （1）
- ループ1
- ループ2 nは1から1ずつ増やして n<4の間
- ShopName(n), Spred(n, 1) ～(n, 5)を表示
- ループ2
- A

- A
- ループ3 （2）
- STotal(0, m)→SaveNo
- STotal(1, m)→SaveCalc
- ループ4 （3）①減らして②かつ STotal(1, s)<SaveCalcの間 ※
- STotal(0, s)→STotal(0, s+1)
- STotal(1, s)→STotal(1, s+1)
- ループ4
- SaveNo→STotal(0, s+1)
- SaveCalc→STotal(1, s+1)
- ループ3
- ループ5 kは1から1ずつ増やして k<6の間
- STotal(0, k)→r
- CanName(r), STotal(1, k)を表示
- ループ5
- B

- B
- 0→Max
- ループ6 vは1から1ずつ増やして v<4の間
- ループ7 cは1から1ずつ増やして c<6の間
- （4）①>② — NO
- YES
- （5）
- c→SaveCode
- Spred(v, c)→Max
- ループ7
- ループ6
- ShopName(SaveShop), CanName(SaveCode), Maxを表示
- おわり

※条件式が「かつ」で複合されている
場合，先に記述された条件式が偽に
なった時点で，判定を終了する。

解答群

- ア．Spred(ShopNo, code) + qua×500→Spred(ShopNo, code)
- イ．sは1から1ずつ増やしてs<6の間
- ウ．v→SaveShop
- エ．s>1
- オ．Spred(c, v)
- カ．sはm-1から1ずつ
- キ．STotal(1, c)
- ク．SaveCalc
- ケ．c→SaveShop
- コ．mは2から1ずつ増やしてm<6の間
- サ．STotal(v, c)
- シ．s≧1
- ス．Spred(code, ShopNo) + qua→Spred(code, ShopNo)
- セ．sはmから1ずつ
- ソ．Max
- タ．sは1から1ずつ
- チ．Spred(ShopNo, code) + qua→Spred(ShopNo, code)
- ツ．Spred(v, c)
- テ．m≧1
- ト．mは2から1ずつ増やしてm≦6の間

(1)		(2)		(3) ①		②		(4) ①		②		(5)	

19 流れ図の説明を読んで，流れ図の(1)〜(5)を答えなさい。

＜流れ図の説明＞

◆処理内容

パソコン教室の受講者データを読み，指定した教室の集計結果を表示する。

◆入力データ

受講コード (jCode)	受講者コード (mCode)	教室コード (rCode)	講座コード (cCode)	受講時間 (hours)
××××	××××	×	××××	××.×

(第1図)

◆実行結果

```
(教室コードをキーボードから入力) 4
名古屋校
(講座コード) (講 座 名)          (受講料合計)
   0104    最新クラウド活用術         58,750
   0126    サーバ管理入門           142,500
   1201    基本情報技術取得          138,750
    〜          〜
   7603    Androidアプリ開発          61,250
   7614    基礎から学ぶ文書作成       受講者なし
   7615    LAN構築基礎            140,000

(教室コードをキーボードから入力) 5
下関校
    〜
```

(第2図)

処理条件

(1) 講座は30種類あり，配列 courseCode に講座コード，配列 courseName に講座名をあらかじめ記憶する。courseCode と courseName は添字で対応している。なお，講座コードは昇順で整列されている。

配列

courseCode	(0)	(1)	(2)	〜	(30)
		0104	0126	〜	7615

courseName	(0)	(1)	(2)	〜	(30)
		最新クラウド活用術	サーバ管理入門	〜	LAN構築基礎

(2) 教室は8教室あり，配列 schoolName に教室名をあらかじめ記憶する。なお，第1図の教室コードは1〜8であり，schoolName の添字と対応している。

配列

schoolName	(0)	(1)	(2)	〜	(8)
		神戸校	横浜校	〜	函館校

(3) 第1図の入力データを読み，次の処理を行う。

・受講時間から受講料を計算する。受講料はどの講座でも1時間につき2,500円である。

・講座コードを探索し，教室別に受講料を配列courseFeeに集計する。なお，courseFeeの行方向の添字は教室コードと，列方向の添字は配列courseCodeの添字と対応している。

配列

courseFee	(0)	(1)	〜	(30)
(0)			〜	
(1)			〜	
〜	〜	〜	〜	〜
(8)			〜	

(4) 第2図のようにキーボードから教室コードを入力すると，該当する教室名と講座コード，講座名，受講料合計をディスプレイに表示する。なお，受講者がいない講座は受講料合計の代わりに「受講者なし」と表示する。

(5) キーボードから0が入力されたら処理を終了する。

(6) 入力するデータにエラーはないものとする。

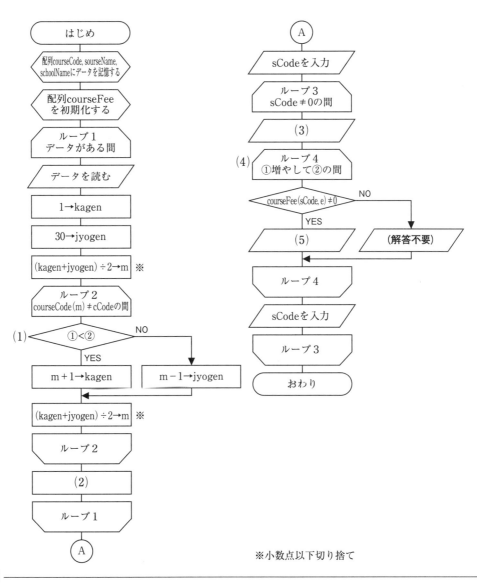

※小数点以下切り捨て

解答群

ア．courseFee(rCode, m) + 2500 × hours→courseFee(rCode, m)　　イ．schoolName(rCode) を表示

ウ．courseCode(m)　　　　　　　エ．courseFee(cCode, m) + 2500 × hours→courseFee(cCode, m)

オ．e は 1 から 1 ずつ　　　　カ．courseCode(e), courseName(e), "受講者なし" を表示

キ．courseCode(cCode)　　　　　ク．courseCode(e), courseName(e), courseFee(sCode, e) を表示

ケ．e＜9　　　　　　　　　　　コ．schoolName(sCode) を表示

サ．mCode　　　　　　　　　　シ．courseFee(m, rCode) + 2500 × hours→courseFee(m, rCode)

ス．e は 0 から 1 ずつ　　　　セ．e＞30

ソ．cCode　　　　　　　　　　タ．courseCode(m), courseName(m), courseFee(sCode, m) を表示

チ．courseName(m)　　　　　　ツ．rCode

テ．e＜31　　　　　　　　　　ト．schoolName(m) を表示

---

(1)	①		②		(2)		(3)		(4)	①		②		(5)	

 流れ図の説明を読んで，流れ図の(1)～(5)を答えなさい。

＜流れ図の説明＞

◆処理内容

鉄道会社の人気投票データを読み，集計結果を表示する。

◆入力データ　　　　　　　　　　　　　◆実行結果

会社番号 (No)	コード (ans)
×	×

（第1図）

（第2図）

処理条件

(1) 第1図の入力データは，会社番号が1～6，投票したコードが1～4で記録されている。

(2) 配列 name に鉄道会社名をあらかじめ記憶する。なお，name の添字は会社番号と対応している。

配列

name	(0)	(1)	～	(6)
		津軽太宰家鉄道	～	誠会津戊辰鉄道

(3) 配列 ques に投票内容をあらかじめ記憶する。なお，ques の添字はコードと対応している。

配列

ques	(0)	(1)	(2)	(3)	(4)
		車窓景色	鉄キャラ	イベント	鉄道遺産

(4) 第1図の入力データを読み，配列 point に投票を集計する。また，0列目には合計を集計する。
なお，point の行方向の添字は会社番号と，列方向の添字はコードと対応している。

配列

point	(0)	(1)	～	(4)
(0)			～	
(1)			～	
～	～	～	～	～
(6)			～	
	（合計）			

(5) データを読み終えた後，次の処理を行う。

・配列rankを用い，鉄道会社ごとの投票結果を降順に順位づけを行う。

配列

rank	(0)	(1)	～	(4)
(0)			～	
(1)			～	
～	～	～	～	～
(6)			～	

・鉄道会社ごとの投票結果を会社番号の昇順に表示する。投票結果は投票順位の昇順に表示する。

・鉄道会社ごとの得票数を鉄道会社集計として表示する。

・最後に投票総数を表示する。

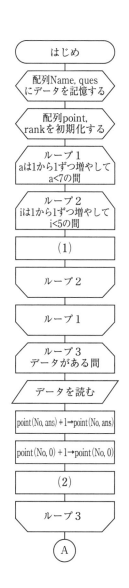

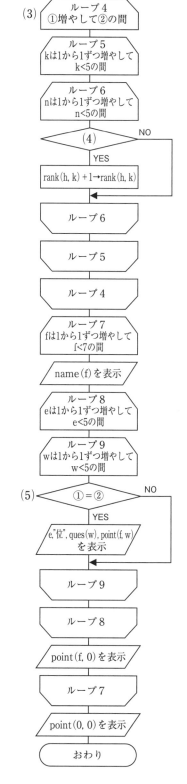

解答群

ア. h<7

イ. hは0から1ずつ

ウ. point(0, ans) + 1→point(0, ans)

エ. point(h, k) < point(h, n)

オ. rank(No, ans) + 1→rank(No, ans)

カ. 0→point(a, i)

キ. e

ク. 0→rank(a, i)

ケ. h<6

コ. rank(f, w)

サ. point(h, k) > point(h, n)

シ. h<5

ス. hは1から1ずつ

セ. f

ソ. point(f, w)

タ. point(0, 0) + 1→point(0, 0)

チ. point(k, h) < point(n, h)

ツ. rank(w, f)

テ. w

ト. 1→rank(a, i)

| (1) | | (2) | | (3)① | | ② | | (4) | | (5)① | | ② | |

21 流れ図の説明を読んで，流れ図の(1)〜(5)を答えなさい。

＜流れ図の説明＞

◆処理内容

　資格取得データを読み，資格手当一覧と手当加算後の給料を表示する。

◆入力データ

従業員コード (employee)	資格コード (cert)
××××	××

(第1図)

◆実行結果

```
        (資格手当一覧)
高橋　昇平        8,000
清水　妙子       20,000
       〜           〜
浅川　剛             0

    (資格手当加算後給料一覧)
渡辺　明恵      375,500
山田　一平      368,100
       〜           〜
織部　志穂      213,900
```
(第2図)

処理条件

(1) 従業員は20名おり，従業員コードは配列 emCode に，従業員名は配列 name に，部署コードは配列 post に，給料は配列 salary にあらかじめ記憶されている。なお，部署コードは営業部であれば1，開発部であれば2が記憶されている。各配列の添字はそれぞれ対応している。

配列

emCode	(0)	(1)	〜	(19)
	0241	0331	〜	8301

name	(0)	(1)	〜	(19)
	高橋　昇平	清水　妙子	〜	浅川　剛

post	(0)	(1)	〜	(19)
	1	2	〜	2

salary	(0)	(1)	〜	(19)
	274000	301500	〜	329800

(2) 第1図の資格コードは1〜49であり，資格コードに対応している資格手当は以下の通りである。

・営業部所属の従業員 … 資格コード1〜29を取得している場合，資格1つにつき2,000円

・開発部所属の従業員 … 資格コード10〜49を取得している場合，資格1つにつき3,000円

　　　　　　　　　　　　資格コード40番台の場合，さらに2,000円追加する。

・なお，資格手当は1人あたり合計20,000円を上限とする。

(3) 第1図の入力データを読み，従業員ごとに資格手当を配列 allow に集計する。なお，allow と emCode は添字で対応している。

配列

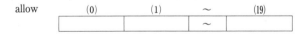

allow	(0)	(1)	〜	(19)
			〜	

(4) データが終了したら，次の処理を行う。

・第2図のように配列に記憶されている順に資格手当一覧を表示する。

・資格手当加算後給料を配列totalに求める。

配列

total	(0)	(1)	〜	(19)
			〜	

・資格手当加算後給料の降順に並べ替え，第2図のように資格手当加算後給料一覧を表示する。

(5) 入力されるデータに誤りはないものとする。

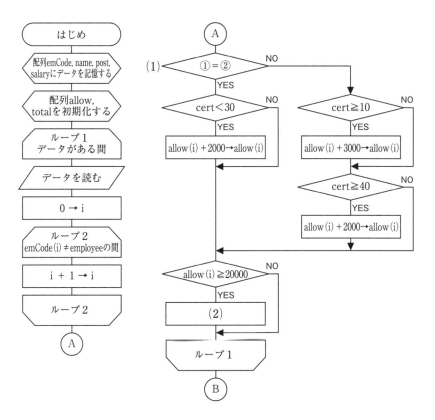

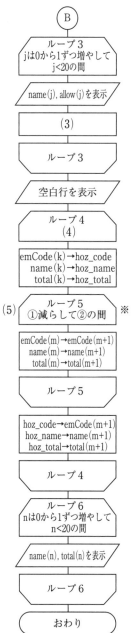

―解答群―

ア．mはk-1から1ずつ　　イ．j+1→j

ウ．post(i)　　エ．0　　オ．0→allow(i)

カ．m≧0かつtotal(m)＞hoz_total

キ．20000→allow(i)　　ク．mは1から1ずつ

ケ．kは20から1ずつ減らしてk＞0の間

コ．m≧0かつtotal(m)＜hoz_total

サ．2　　シ．mは0から1ずつ

ス．kは1から1ずつ増やしてk＜20の間

セ．m＞0かつtotal(m)＜hoz_total

ソ．emCode(i)

タ．salary(j) + allow(j)→total(j)

チ．salary(i)　　ツ．allow(i)→total(i)

テ．kは1から1ずつ増やしてk≦20の間

ト．1

※条件式が「かつ」で複
合されている場合，先
に記述された条件式が
偽になった時点で，判
定を終了する。

(1)①		②		(2)		(3)		(4)		(5)①		②	

Part II マクロ言語 編

　2級では，マクロ言語はトレースの問題で出題された。1級では，マクロ言語による基礎的なプログラムの空欄補充が出題される。

Lesson 1 マクロ言語の文法

1 変数

　変数について，変数名の付け方，変数の型（Long, String），変数の宣言（Dim文）を，2級では学習した。1級では新たな変数の型として次の2つを扱う。

変数の型	型の意味	表現できる範囲
Double	倍精度浮動小数点型	0と絶対値 $4.94065645841247 \times 10^{-324} \sim 1.79769313486232 \times 10^{308}$
Boolean	ブール型	True または False

　なお，変数宣言を行うと，同時に初期化処理が行われる。この時の初期値は，Double型は「0」（ゼロ），Boolean型は「False」（偽）である。

確認 1

　次の変数の宣言を記述せよ。

(1) Heikinを倍精度浮動小数点型で宣言する。

(2) Flgをブール型で宣言する。

---

2 配列

(1) 配列

　同じ属性のデータを多数扱う場合，連続した記憶領域を設定し共通の名前をつけて定義することにより，簡潔でわかりやすいプログラムを作ることができる。このような連続した記憶領域を配列という。

(2) 一次元配列

　一次元配列は，添字を一つ使う配列である。

① 一次元配列の宣言

書　式　　Dim 配列名1（配列のサイズ）As データ型（, 配列名2（配列のサイズ）As データ型, ・・・）

【例1】Dim　Nam（5）As　String

Nam　　　(0)　　(1)　　(2)　　(3)　　(4)　　(5)

補足 Nam（0）〜Nam（5）の6個の記憶領域が定義される。Nam（0）〜Nam（5）の6個を配列の要素といい，配列名Namの後ろに添字（かっこつきの数字）をつけて各要素を区別する。
　　　VBAでは，添字が0から始まるので，配列のサイズ＋1の要素数の領域が確保される。

【例2】Dim Denwa(1 To 5) As String

Denwa　　(1)　　(2)　　(3)　　(4)　　(5)

補足 配列のサイズは，例2のように添字の範囲を指定することもできる。

② 一次元配列の利用

確認 2

　5人分の名前データを入力して，5人分の入力が終わったら，5人分の名前データを出力するプログラムの空欄を考えよう。

＜プログラム＞

```
Sub Kakunin2()
    Dim Nam(5) As String
    Dim a As Long
    Dim b As Long
        (1)
        Nam(a) = InputBox("")
    Next a
    For b = 1 To 5
        MsgBox(   (2)   )
    Next b
End Sub
```

(1)	
(2)	

(3) 多次元配列

　多次元配列は，添字を複数使う配列である。添字を2つ使うものを二次元配列，添字を3つ使うものを三次元配列という。

① 二次元配列の宣言

【例】Dim Nin(3, 6) As Long

Nin　　(0)　　(1)　　(2)　　(3)　　(4)　　(5)　　(6)

	(0)	(1)	(2)	(3)	(4)	(5)	(6)
(0)							
(1)							
(2)							
(3)							

確認 3

5の段までの九九を二次元配列Kukuに記憶して，表示したい段（1〜5）のどれかを入力すると，その段の九九を出力するプログラムの空欄を考えよう。

<プログラム>　　　　　　　　　　　　　　　　　<実行例>

```
Sub Kakunin3()
    Dim Kuku(5, 9) As Long
    Dim a As Long
    Dim b As Long
    Dim n As Long
    Dim c As Long
    Dim Hyoji As String
    For a = 1 To 5
        For b = 1 To 9
            [    (1)    ] = a * b
        Next b
    Next a
    n = Val(InputBox(""))
    For c = 1 To 9
        Hyoji = Hyoji & " " & [    (2)    ]
    Next c
    MsgBox(n & "の段" & Hyoji)
End Sub
```

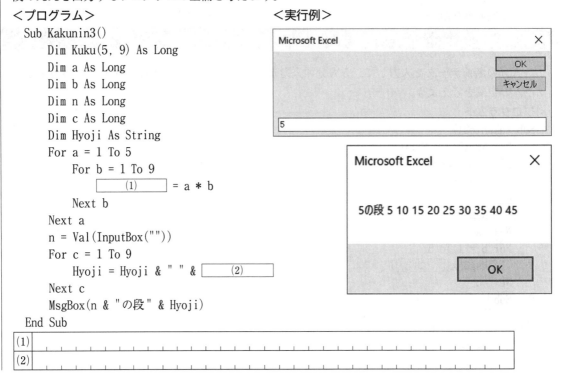

(1)	
(2)	

3　引数

(1)　関数における引数

すでに学習したように，多くの関数は引数（ひきすう）を必要とする。例えば，2級で学習したInt関数は，正の数値の小数点以下を切り捨てて整数にしたい（整数化）ときに用いられる関数であるが，どの値を整数化したいのか教えてあげなければ，整数化の処理ができない。このとき，整数化したいものを引数として与える。

【例】Intだけでは何もできない。Int(3.5)とすると「3」と整数化してくれる。このときの整数化する対象「3.5」を引数，整数化した「3」を戻り値という。

(2)　プロシージャにおける引数

2級のマクロ言語では，1つのプロシージャで完結するプログラミングをトレース問題で学習した。1級のマクロ言語では，あるプロシージャが別のプロシージャを呼び出して処理を依頼するような複数のプロシージャを扱うプログラミングを学習する。その際，プロシージャ同士でデータをやり取りする。やり取りするデータも引数という。

【例】2級では，Sub Program()のようにプロシージャに引数を与えなかったが，1級ではSub Program (Suti() As Double, Jun() As Long, n As Long)のようにプロシージャに引数を与えるプログラムも出題される。

4 関数

(1) Left関数

Left関数は，指定した文字列の先頭から，指定した文字数の文字列を取り出す。

書　式　　Left（文字列，文字数）

【例】変数Syumoku（文字列型）に検定名（「情報処理検定1級プログラミング部門」）から種目（「情報処理検定」）を取り出して，代入する。

   Syumoku ＝ Left（"情報処理検定1級プログラミング部門", 6）

(2) Right関数

Right関数は，指定した文字列の末尾から，指定した文字数の文字列を取り出す。

書　式　　Right（文字列，文字数）

【例】変数Bumon（文字列型）に検定名（「情報処理検定1級プログラミング部門」）から部門（「プログラミング部門」）を取り出して，代入する。

   Bumon ＝ Right（"情報処理検定1級プログラミング部門", 9）

(3) Mid関数

Mid関数は，指定した文字列の指定した開始位置から，指定した文字数の文字列を取り出す。

書　式　　Mid（文字列，開始位置，文字数）

【例】変数Kyu（文字列型）に検定名（「情報処理検定1級プログラミング部門」）から級（「1級」）を取り出して，代入する。

   Kyu ＝ Mid（"情報処理検定1級プログラミング部門", 7, 2）

(4) Len関数

Len関数は，指定した文字列の文字数を取り出す。戻り値は数値データ。

書　式　　Len（文字列）

【例】変数Mojisu（長整数型）に検定名（「情報処理検定1級プログラミング部門」）から文字数（17）を取り出して，代入する。

   Mojisu ＝ Len（"情報処理検定1級プログラミング部門"）

確認　4

次の命令文を記述せよ。なお，変数Jyusyo（文字列型）には「東京都千代田区五番町」が記憶されている。

(1) 変数Ken（文字列型）に変数Jyusyoから都道府県名（「東京都」）を取り出して，代入する。

(2) 変数Ku（文字列型）に変数Jyusyoから区名（「千代田区」）を取り出して，代入する。

(3) 変数Tyo（文字列型）に変数Jyusyoから町名（「五番町」）を取り出して，代入する。

(4) 変数Jisu（長整数型）に変数Jyusyoから文字数を取り出して，代入する。

5 Call文

特定の処理をあらかじめ別のプロシージャに記述し，Call文によって呼び出し，実行することができる。

書　式　Call プロシージャ名

【例1】初期化する処理を別のプロシージャ (Syokika) を呼び出し，実行する。
　　　Call Syokika

【例2】順位付けする処理を別のプロシージャ (Juniduke) を呼び出し，実行する。その際，順位付け処理に必要となる順位付けの対象の値と順位を入れる場所とデータ数を引数 (Atai, Jun, Su) として渡す。
　　　Call Juniduke (Atai, Jun, Su)

補　足　別のプロシージャを呼び出して処理させるとき，引数が必要ない処理と引数が必要な処理がある。

6 コードの記述

(1)　Function プロシージャ

Function プロシージャは，記述されたコードをもとに処理を実行して，値を返すことができるプロシージャである。Function プロシージャを使うことで独自の関数を作成することもできる。

参　考　Sub プロシージャは，値を返すことができない。

書　式　Function プロシージャ名 ()
　　　　　　　～
　　　　　　　End Function

(2)　Exit文

Exit文は，繰返し (ループ) 処理を途中で抜けたいときに使用する。通常は，途中でループを抜ける (Exit文を実行する) 条件をIf文などに記述する。

①　Exit Do

Do ～ Loop 文において，途中でループを抜ける場合に用いる。

書　式　Exit Do

②　Exit For

For ～ Next 文において，途中でループを抜ける場合に用いる。

書　式　Exit For

(3)　マルチステートメント

コロン (：) を使うと，複数の命令文を1行に書くことができる。

【例】Dim a As Long : Dim b As Long : Dim c As Long

(4)　行の継続

命令文が長く1行では見づらくなる場合，アンダースコア (_) を使うと，複数行に分けて書くことができる。なお，アンダースコアの前には，半角のスペースが必要である。

【例】MsgBox ("1人目の点数は" & Ten1 & "," & "2人目の点数は" & Ten2 & "," _
　　　　& "3人目の点数は" & Ten3 & "," & "4人目の点数は" & Ten4 & "," _
　　　　& "5人目の点数は" & Ten5)

7 Select Case文

多分岐には，Select Case 〜 End Select文を使う。

書式1

```
Select Case 変数
    Case 値1
        値1のときに実行する命令文
    Case 値2
        値2のときに実行する命令文          ←省略やCaseを増やすことも可
    Case 値3
        値3のときに実行する命令文
    Case Else
        値が上記以外のときに実行する命令文
End Select
```

補足 値には，「Case 1」(値が「1」のとき)のように一つの値を記述したり，「Case 1 To 3」(値が「1〜3」のように値の範囲を記述したり，「Case Is < 10」のように比較演算子を用いて値の範囲を記述したりする。

注意 Caseに設定した複数の条件を満たしている場合は，最初に合致した条件(その中で一番上に記述されている条件)のみ適用される。

【例1】Tenが「100」のときHyokaに「◎」，Tenが「70〜99」のときHyokaに「○」，Tenが「30〜69」のときHyokaに「△」，Tenが「30未満」のときHyokaに「×」，Tenが「それ以外」のときHyokaに「？」を代入する。

```
Select Case Ten
    Case 100
        Hyoka = "◎"
    Case 70 To 99
        Hyoka = "○"
    Case 30 To 69
        Hyoka = "△"
    Case Is < 30
        Hyoka = "×"
    Case Else
        Hyoka = "？"
End Select
```

書式2

```
Select Case True
    Case 条件式1
        条件式1が真のときに実行する命令文
    Case 条件式2
        条件式2が真のときに実行する命令文
    Case 条件式3
        条件式3が真のときに実行する命令文
    Case Else
        全ての条件式が偽のときに実行する命令文
End Select
```

←省略やCaseを増やすことも可

【例2】Tenが「100」のときHyokaに「◎」，Tenが「70～99」のときHyokaに「○」，Tenが「30～69」のとき Hyokaに「△」，Tenが「30未満」のときHyokaに「×」，Tenが「それ以外」のときHyokaに「？」を代入する。

```
Select Case True
    Case Ten = 100
        Hyoka = "◎"
    Case Ten >= 70 And Ten <= 99
        Hyoka = "○"
    Case Ten >= 30 And Ten <= 69
        Hyoka = "△"
    Case Ten < 30
        Hyoka = "×"
    Case Else
        Hyoka = "？"
End Select
```

確認 5

次の命令文を記述せよ。

Kinが10000以上のときは，Rituに20を代入し，Kinが5000以上で10000未満のときは，Rituに10を 代入し，それ以外のときは，Rituに0を代入する。

Lesson 2 マクロ言語の実習

例題 1　配列を利用した集計

　プログラムの説明を読んで，流れ図と実行例を参考にして，プログラムの(1)～(3)にあてはまる記述を考えて，作成しよう。

＜プログラムの説明＞

処理内容

　生徒コードを入力し，学年ごとの人数をディスプレイに表示する。

処理条件

1. 生徒コード(Sc)は4桁で入力され，左から1桁目が学年を表す。

配列

Kei

	(0)	(1)	(2)	(3)

2. 配列Keiに学年ごとの人数を集計する。なお，学年は1～3年である。

3. 生徒コードに空文字が入力されたら，実行例のように，学年ごとの人数を表示する。

＜プログラム＞

```
Sub ProgramRei1()
    Dim Kei(3) As Long
    Dim i As Long
    Dim Flg As Boolean
    Dim Sc As String
    Dim n As Long
    Dim p As Long
    For i = 1 To 3
          (1)
    Next i
    Flg = False
    Do While Flg = False
        Sc = InputBox("")
        If Sc = "" Then
            Flg = True
        Else
            n = Val(    (2)    )
            Kei(n) = Kei(n) + 1
        End If
    Loop
    For    (3)
        MsgBox (p & "年" & Kei(p) & "人")
    Next
End Sub
```

＜実行例＞

＜流れ図＞

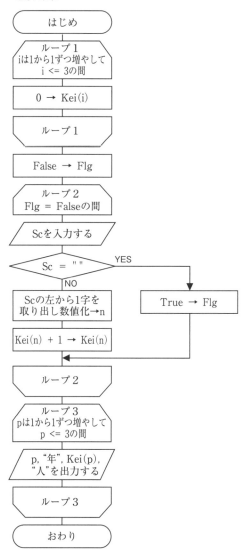

(1)	
(2)	
(3)	

プログラムの説明を読んで，実行例を参考にして，プログラムの(1)～(5)にあてはまる記述を考えて，作成しよう。

＜プログラムの説明＞

処理内容

クラスデータを入力し，学年ごと組ごとの得点をディスプレイに表示する。

処理条件

1．クラスデータ (Cd) は4桁で入力され，左から1桁目が学年，2桁目が組，3・4桁目が得点を表す。

例：Cdが「2345」→2年3組の得点45点

配列

Kei	(0)	(1)	(2)	(3)	(4)
(0)					
(1)					
(2)					
(3)					

2．配列Keiに学年ごと組ごとの得点を集計する。なお，学年は1～3年，組は各学年1～4組である。

3．クラスデータに空文字が入力されたら，実行例のように，学年ごと組ごとの得点を表示する。

＜実行例＞

＜プログラム＞

```
Sub ProgramRen1()
    Dim Kei(3, 4) As Long
    Dim i As Long
    Dim j As Long
    Dim Flg As Boolean
    Dim Cd As String
    Dim n As Long
    Dim k As Long
    Dim t As Long
    Dim p As Long
    Dim q As Long
    For i = 1 To 3
        For j = 1 To 4
                    (1)
        Next j
    Next i
    Flg = False
    Do While Flg = False
        Cd = InputBox("")
        If Cd = "" Then
            Flg = True
        Else
            n = Val(Left(Cd, 1))
            k = Val(       (2)      )
            t = Val(Right(Cd, 2))
            Kei(n, k) =        (3)
        End If
    Loop
    For        (4)
        For        (5)
            MsgBox (p & "年" & q & "組" & Kei(p, q) & "点")
        Next q
    Next p
End Sub
```

(1)	
(2)	
(3)	
(4)	
(5)	

Call文

Call文は，プロシージャの中で他のプロシージャを呼び出すときに用いる。

呼び出す側のプロシージャを主プロシージャ，呼び出される側のプロシージャを副プロシージャという。

複数のプロシージャの目的

一つのプロシージャで処理をすると複雑になる場合，各処理を副プロシージャに分割し，主処理からよく使われる汎用的な処理を副プロシージャとして作成しておき，ライブラリ的に使用される場合も多い。

▼複数のプロシージャへの分割例

分割前のプログラム	分割後のプログラム
| ```
Sub Program1()
    Dim a As Long
    Dim b As Long
    Dim c As Long
    a = Val(InputBox(""))
    Do While a > 0
        b = Val(InputBox(""))
        c = a + b
        MsgBox (a & "+" & b & "=" & c)
        a = Val(InputBox(""))
    Loop
    MsgBox ("処理を終了します")
End Sub
``` | ```
Sub Program2()
    Dim a As Long
    Dim b As Long
    a = Val(InputBox(""))
    Do While a > 0
        b = Val(InputBox(""))
        Call Keisan (a, b)
        a = Val(InputBox(""))
    Loop
    Call Syuryo
End Sub
```<br>```
Sub Keisan (a As Long, b As Long)
    Dim c As Long
    c = a + b
    MsgBox (a & "+" & b & "=" & c)
End Sub
```<br>```
Sub Syuryo ()
    MsgBox ("処理を終了します")
End Sub
``` |

上記の例では，Subプロシージャ「Program 1」を計算し，その結果を表示する部分（上の四角囲み）をSubプロシージャ「Keisan」，終了メッセージを表示する部分（下の四角囲み）をSubプロシージャ「Syuryo」として取り出して，主プロシージャであるSubプロシージャ「Program2」からCall文を使って呼び出している。

なお，Subプロシージャ「Keisan」では，計算に必要なデータを引数で受け渡している。また，Subプロシージャ「Syuryo」では，終了メッセージを表示するだけなので，引数を必要としない。

プロシージャ間の引数の授受

Call文で呼び出すプロシージャは，Subプロシージャが多い。その場合，主プロシージャは，副プロシージャに処理で必要なデータを引数として渡し，副プロシージャは，処理に必要なデータを引数として主プロシージャから受け取る。

⑴　副プロシージャ側の記述

　　上記の例では，Subプロシージャ「Keisan」は，二つの数値データを受け取り，処理をする。受け取るデータをSubプロシージャ名の引数部分に記述する。なお，その際にはデータの型も記述する。

　【記述例】　Sub Keisan（a As Long, b As Long）

⑵　主プロシージャ側の記述

　　上記の例では，Subプロシージャ「Keisan」を呼び出す場合は，「Keisan」が渡してほしいデータ（上記例では，2つの数値データ（足される方の数値データと足す方の数値データ）を引数で指定してCall文で呼び出す。

　【記述例】　Call Keisan（a, b）　※　ここで，aとbは主プロシージャで足される方の数値データがa，足す方の数値データをbと宣言しているからであり，Subプロシージャ「Keisan」のa，bとは関係ない。例えば，上記Program2でCall Keisan（a, b）をCall Keisan（10, 13）に変更すると，入力データに関係なく「10+13=23」と表示される。

補足 上記のSubプロシージャ「Syuryo」のようにデータの受け渡しをしない場合は，引数は記述しない。

Functionプロシージャ

　Functionプロシージャは，Subプロシージャとは異なり，プロシージャ内で特定の処理を実行し，値を返すことができるプロシージャである。Functionプロシージャを使うことで，独自の関数を作成できるようになる。

▼Functionプロシージャを使ったプログラムの例

プログラム	プログラムの説明
Sub Program3() 　　Dim Hikki As Long 　　Dim Jitugi As Long 　　Dim Hyoji As String 　　Hikki = Val(InputBox("")) 　　Jitugi = Val(InputBox("")) 　　Hyoji = Hantei(Hikki, Jitugi) 　　MsgBox (Hyoji) End Sub	Functionプロシージャ「Hantei」は，2つの数値（筆記の点数と実技の点数）を受け取り，文字列データ（合否メッセージ）を返すプロシージャである。 1　副プロシージャ側の記述 ⑴　Functionプロシージャの記述方法 　　Function プロシージャ名（引数）As 戻り値のデータ型 【記述例】 Function Hantei(h As Long j As Long) As String ※Functionプロシージャは，値を返すので，引数の記述に 　　加え，戻り値のデータ型も記述する。
Function Hantei(h As Long, j As Long) As String 　　Select Case True 　　　　Case h >= 70 And j >= 70 　　　　　　Hantei = "合格" 　　　　Case h >= 70 And j < 70 　　　　　　Hantei = "筆記のみ合格" 　　　　Case h < 70 And j >= 70 　　　　　　Hantei = "実技のみ合格" 　　　　Case Else 　　　　　　Hantei = "不合格" 　　End Select End Function	⑵　Functionで値を戻す場合の記述 　　Functionプロシージャ名に値を代入する。 【記述例】 Hantei = "合格" 2　主プロシージャ側の記述 　　Functionプロシージャを呼び出すときは 　　　　**戻り値=Functionプロシージャ名（引数）** と記述する。 　　なお，戻り値は，Functionプロシージャから返される値である。 【記述例】 Hyoji = Hantei(Hikki, Jitugi)

例 題 2 副プロシージャの利用

　プログラムの説明を読んで，流れ図と実行例を参考にして，プログラムの(1)〜(3)にあてはまる記述を考えて，作成しよう。

＜プログラムの説明＞

処理内容

　文字列を入力し，その文字列の文字数をディスプレイに表示する。

処理条件

1．副プロシージャ「Mojisu」を使って，文字列から文字数を求め表示する。

2．文字列に空文字が入力される（入力画面で何も入力せずに［ＯＫ］ボタンをクリックする）まで処理を繰り返す。

＜プログラム＞

```
Sub ProgramRei2()
    Dim Flg As Boolean
    Dim Moji As String
    Flg = False
    Do While Flg = False
        Moji = InputBox("")
        If Moji = "" Then
            (1)
        Else
            (2)
        End If
    Loop
End Sub

Sub Mojisu(Moji As String)
    Dim n As Long
    n =  (3)
    MsgBox (Moji & "の文字数は" & n)
End Sub
```

＜実行例＞

＜流れ図＞

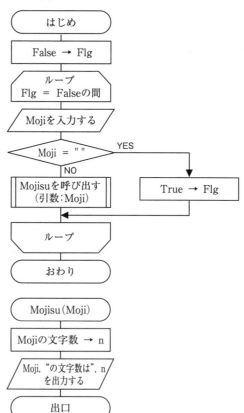

(1)

(2)

(3)

練習 2

プログラムの説明を読んで，実行例を参考にして，プログラムの(1)〜(5)にあてはまる記述を考えて，作成しよう。

＜プログラムの説明＞

処理内容

勤務開始時刻，勤務終了時刻，休憩開始時刻，休憩終了時刻を入力し，アルバイトへの当日の支払額をディスプレイに表示する。

処理条件

1. 勤務開始時刻，勤務終了時刻，休憩開始時刻，休憩終了時刻の順に入力する。午前9時の場合は「900」，時刻が午後5時15分の場合は「1715」のように入力する。なお，2日間にわたって勤務するものはいないこととする。
2. 勤務時間から休憩時間を除いた時間が支払いの対象となる。
3. 時間給は1200円であり，1時間に満たない場合でも分単位（1分あたり20円）で計算する。

＜実行例＞

＜プログラム＞

```
Sub ProgramRen2()
    Dim Kink As Long
    Dim Kins As Long
    Dim Kinh As Long
    Dim Kyuk As Long
    Dim Kyus As Long
    Dim Kyuh As Long
    Dim Siharai As Long
    Kink = Val(InputBox(""))
    Kins = Val(InputBox(""))
            (1)
    Kyuk = Val(InputBox(""))
    Kyus = Val(InputBox(""))
    Kyuh = KeikaHun(Kyuk, Kyus)
    Siharai =        (2)         / 60
    MsgBox (Siharai & "円")
End Sub

Function KeikaHun(k As Long, s As Long) As Long
    Dim Kh As Long
    Dim Km As Long
    Dim Kj As Long
    Dim Sh As Long
    Dim Sm As Long
    Dim Sj As Long
    Kh = Int(k / 100)
            (3)
    Kj = Kh * 60 + Km
            (4)
    Sm = s - Sh * 100
    Sj = Sh * 60 + Sm
            (5)
End Function
```

(1)	
(2)	
(3)	
(4)	
(5)	

例題 3 副プロシージャと配列の利用

プログラムの説明を読んで，流れ図と実行例を参考にして，プログラムの(1)～(3)にあてはまる記述を考えて，作成しよう。

<プログラムの説明>

処理内容

10件の数値データを入力し，昇順に並べ替えてディスプレイに表示する。

処理条件

1．主プロシージャ「ProgramRei3」で，10件の数値データを入力すると，並べ替えと表示を副プロシージャ「Sort」を呼び出して行う。

2．副プロシージャ「Sort」は，10件の数値データとデータ件数を引き渡されて，配列 Dat を使用して，並べ替えを行う。

配列

Dat (0) (1) (2) ～ (10)

<実行例>

<流れ図>

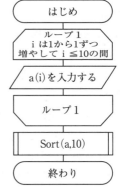

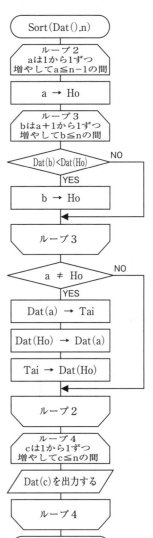

<プログラム>
```
Sub ProgramRei3()
    Dim i As Long
    Dim a(10) As Double
    For i = 1 To 10
        a(i) = Val(InputBox(""))
    Next i
    Call Sort(a, 10)
End Sub


Sub Sort(Dat() As Double, n As Long)
    Dim a As Long
    Dim Ho As Long
    Dim b As Long
    Dim Tai As Double
    Dim c As Long
    For a = 1 To n - 1
            (1)
        For b = a + 1 To n
            If Dat(b) < Dat(Ho) Then
                Ho = b
            End If
        Next b
        If Not a = Ho Then
                (2)
            Dat(a) = Dat(Ho)
            Dat(Ho) = Tai
        End If
    Next a
            (3)
        MsgBox(Dat(c))
    Next c
End Sub
```

(1)	
(2)	
(3)	

　プログラムの説明を読んで，実行例を参考にして，プログラムの(1)～(5)にあてはまる記述を考えて，作成しよう。

<プログラムの説明>

処理内容

　点数データを入力し，降順に順位を付けてディスプレイに表示する。

処理条件

1．主プロシージャ「ProgramRen3」で，点数データを入力すると，順位付けと表示を副プロシージャ「Rank」を呼び出して行う。なお，入力する点数データは100件以内であり，データとしてマイナスの値を入力することで入力を終了する。

2．副プロシージャ「Rank」は，点数データと順位データとデータ件数を引き渡されて，配列 Ten と配列 Jun を使用して，順位付けを行う。

配列

Ten	(0)	(1)	(2)	～	(101)
				～	

配列

Jun	(0)	(1)	(2)	～	(101)
				～	

3．最後に配列 Ten と配列 Jun の内容をデータ件数分ディスプレイに表示する。

<実行例>

75点,2位

<プログラム>

```
Sub ProgramRen3()
    Dim Ten(101) As Long
    Dim Jun(101) As Long
    Dim Flg As Boolean
    Dim n As Long
    Flg = False
    n = 0
    Do While Flg = False
        n = n + 1
        Ten(n) = Val(InputBox(""))
        ┌─────────┐
        │   (1)   │
        └─────────┘
        If Ten(n) < 0 Then
            Flg = True
            n = n - 1
        End If
    Loop
    ┌───────────────┐
    │      (2)      │
    └───────────────┘
End Sub
Sub Rank(Ten() As Long, Jun() As Long, n As Long)
    Dim a As Long
    Dim b As Long
    Dim c As Long
    For a = 1 To n - 1
        For b = a + 1 To n
            Select Case True
                Case ┌─────────┐
                     │   (3)   │
                     └─────────┘
                    Jun(a) = Jun(a) + 1
                Case ┌─────────┐
                     │   (4)   │
                     └─────────┘
                    Jun(b) = Jun(b) + 1
            End Select
        Next b
    Next a
    For ┌─────────┐
        │   (5)   │
        └─────────┘
        MsgBox (Ten(c) & "点," & Jun(c) & "位")
    Next c
End Sub
```

(1)	
(2)	
(3)	
(4)	
(5)	

プログラムの説明を読んで，実行例を参考にして，プログラムの(1)～(5)にあてはまる記述を考えて，作成しよう。

<プログラムの説明>

処理内容

キーボードから入力されたコードを配列から探索し，メッセージをディスプレイに表示する。

処理条件

1．主プロシージャ「ProgramRen4」で，副プロシージャ「Search」を呼び出して探索を行い，探索結果を表示する。

2．副プロシージャ「Search」は，配列データとデータ件数を受け取り，コードを入力すると，配列Codを使用して，二分探索を行い，探索結果を主プロシージャに返す。

配列

Cod　　(0)　　　(1)　　　(2)　　～　　(100)

			~	

3．配列Codのデータは昇順に整列されている。

4．探索結果として，入力された文字列が配列にあった場合は「該当データあり」，なかった場合は「該当データなし」を返す。

<実行例>

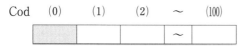

<プログラム>

```
Sub ProgramRen4()
    Dim Cod(100) As String
    Dim x As Long
    Dim Hantei As String
    Cod(1) = "A10": Cod(2) = "A11": Cod(3) = "B22"
    Cod(4) = "B29": Cod(5) = "D31"
    Cod(6) = "F40": Cod(7) = "G20": Cod(8) = "K75"
    Cod(9) = "P85": Cod(10) = "S96"
    x = 10    '配列Codのデータ件数
    ┌─────(1)─────┐
    MsgBox (Hantei)
End Sub
Function Search(Cod() As String, n As Long) ┌──(2)──┐
    Dim Dat As String
    Dim Lo As Long
    Dim Hi As Long
    Dim Mid As Long
    Dat = InputBox("")
    Lo = 1
    ┌──(3)──┐
    Mid = Int((Lo + Hi) / 2)
    Do While Lo <= Hi And Cod(Mid) <> Dat
        If ┌────(4)────┐ Then
            Hi = Mid - 1
        Else
            Lo = Mid + 1
        End If
        Mid = Int((Lo + Hi) / 2)
    Loop
    If Lo <= Hi Then
        ┌──(5)──┐ = "該当データあり"
    Else
        ┌──(5)──┐ = "該当データなし"
    End If
End Function
```

(1)	
(2)	
(3)	
(4)	
(5)	

編末トレーニング

1 次の各問いに答えなさい。

問1 プログラムの説明を読んで，プログラムの(1)～(3)にあてはまる答えを解答群から選び，記号で答えなさい。

＜プログラムの説明＞

処理内容

引数で渡された配列に記憶されている数値を並べ替えてディスプレイに表示する。

処理条件

1．配列 Dat にはデータが記憶されている。なお，データ件数は n に記憶されている。

配列

Dat	(0)	(1)	～	(n - 2)	(n - 1)
	653	739	～	508	678

2．配列 Dat の数値を昇順に並べ替える。

3．並べ替えが終わったら，配列 Dat の内容を表示する。

＜プログラム＞

```
Sub ProgramH1_1(Dat() As Long, n As Long)
    Dim a As Long
    Dim b As Long
    Dim Taihi As Long
    Dim c As Long
    For a = n - 1 To 1 Step -1
        For b = 0 To a - 1
            If [        (1)        ] Then
                Taihi = Dat(b)
                [        (2)        ]
                Dat(b + 1) = Taihi
            End If
        Next b
    Next a
    For [        (3)        ]
        MsgBox(Dat(c))
    Next c
End Sub
```

解答群

ア．Taihi = Dat(b + 1)

イ．Dat(b) > Dat(b + 1)

ウ．c = 0 To n - 1

エ．Dat(b) = Dat(b + 1)

オ．c = 1 To n

カ．Dat(b) < Dat(b + 1)

---

(1)		(2)		(3)	

問2 プログラムの説明を読んで，プログラムの(4)〜(5)にあてはまる答えを解答群から選び，記号で答えなさい。

<プログラムの説明>

処理内容

　引数で渡された配列に記憶されている数値に順位をつけてディスプレイに表示する。

処理条件

1．配列 Suti にはデータが記憶されている。なお，データ件数は n に記憶されている。

配列

Suti	(0)	(1)	〜	(n - 2)	(n - 1)
	36.3	15.4	〜	26.1	37.5

2．配列 Jun を利用し，配列 Suti の数値の昇順に順位をつける。なお，数値が同じ場合は同順位とする。

配列

Jun	(0)	(1)	〜	(n - 2)	(n - 1)
			〜		

3．順位をつけ終わったら，配列 Suti と配列 Jun の内容を表示する。

<プログラム>

```
Sub ProgramH1_2(Suti() As Double, Jun() As Long, n As Long)
    Dim x As Long
    Dim y As Long
    Dim z As Long
    For x = 0 To n - 1
        ┌─────────(4)─────────┐
    Next x
    For y = 0 To n - 2
        For z = y + 1 To n - 1
            If ┌─────(5)─────┐ Then
                Jun(z) = Jun(z) + 1
            ElseIf ┌──解答不要──┐ Then
                Jun(y) = Jun(y) + 1
            End If
        Next z
    Next y
    For x = 0 To n - 1
        MsgBox (Suti(x) & "," & Jun(x))
    Next x
End Sub
```

――― 解答群 ―――

ア．Jun(x) = 0

イ．Suti(y) > Suti(z)

ウ．Suti(y) < Suti(z)

エ．Jun(x) = 1

(4)		(5)	

2 次の各問いに答えなさい。

問1 プログラムの説明を読んで，プログラムの(1)～(3)にあてはまる答えを解答群から選び，記号で答えなさい。

＜プログラムの説明＞

■処理内容■

引数で渡された配列に記憶されている数値を並べ替えてディスプレイに表示する。

■処理条件■

1．配列 Dat にはデータが記憶されている。なお，データ件数は n に記憶されている。

配列

Dat	(0)	(1)	～	(n - 2)	(n - 1)
	653	739	～	508	678

2．配列 Dat の数値を降順に並べ替える。

3．並べ替えが終わったら，配列 Dat の内容を表示する。

＜プログラム＞

```
Sub ProgramH2_1(Dat() As Long, n As Long)
    Dim a As Long
    Dim Kari As Long
    Dim b As Long
    Dim c As Long
    Dim Taihi As Long
    For a = 0 To n - 2
            [      (1)      ]
        For b = a + 1 To n - 1
            If Dat(b) > Dat(Kari) Then
                Kari = b
            End If
        Next b
        If Not a = Kari Then
                [      (2)      ]
            Dat(a) = Dat(Kari)
            Dat(Kari) = Taihi
        End If
    Next a
    For c = 0 To n - 1
        MsgBox ([      (3)      ])
    Next c
End Sub
```

解答群

ア．Kari = a

イ．Dat(a) = Taihi

ウ．Dat(c)

エ．Taihi = Dat(a)

オ．Kari = b

カ．Dat(n)

(1)		(2)		(3)	

問2 プログラムの説明を読んで，プログラムの(4)〜(5)にあてはまる答えを解答群から選び，記号で答えなさい。

＜プログラムの説明＞

処理内容

　キーボードから入力された文字列を，引数で渡された配列から探索し，メッセージをディスプレイに表示する。

処理条件

1. 配列 Jisyo には文字列が昇順に記憶されている。なお，データ件数は n に記憶されており，同じ文字列はないものとする。

　配列

Jisyo	(0)	(1)	〜	(n - 2)	(n - 1)
	album	bath	〜	yellow	zoom

2. キーボードから入力した文字列をもとに配列 Jisyo を探索し，見つかった場合は「該当あり」見つからなかった場合「該当なし」を表示する。

＜プログラム＞

```
Sub ProgramH2_2(Jisyo() As String, n As Long)
    Dim Tango As String
    Dim k As Long
    Dim j As Long
    Dim m As Long
    Tango = InputBox("")
    k = 0
    j = n - 1
    m = Int((k + j) / 2)
    Do While [    (4)    ]
        If Jisyo(m) < Tango Then
            [        (5)        ]
        Else
            [      解答不要      ]
        End If
        If k > j Then
            Exit Do
        End If
        m = Int((k + j) / 2)
    Loop
    If k <= j Then
        MsgBox ("該当あり")
    Else
        MsgBox ("該当なし")
    End If
End Sub
```

解答群

ア．k = m + 1

イ．Jisyo(m) = Tango

ウ．Jisyo(m) <> Tango

エ．j = m - 1

---

(4)		(5)	

3 次の各問いに答えなさい。

問1 プログラムの説明を読んで，プログラムの(1)～(2)にあてはまる答えを解答群から選び，記号で答えなさい。

＜プログラムの説明＞

■処理内容■

引数で渡された配列に記憶されている数値に順位をつけてディスプレイに表示する。

■処理条件■

1．配列 Suti にはデータが記憶されている。なお，データ件数は n に記憶されている。

配列

Suti	(0)	(1)	～	(n - 2)	(n - 1)
	36.3	15.4	～	26.1	37.5

2．変数 Jun を利用し，配列 Suti の数値の降順に順位をつける。なお，数値が同じ場合は同順位とする。

3．順位をつけ終わったら，配列 Suti と変数 Jun の内容を表示する。

＜プログラム＞

```
Sub ProgramH3_1(Suti() As Double, n As Long)
    Dim a As Long
    Dim Jun As Long
    Dim b As Long
    For [        (1)        ]
        Jun = 1
        For b = 0 To n - 1
            If [        (2)        ] Then
                Jun = Jun + 1
            End If
        Next b
        MsgBox (Suti(a) & " " & Jun)
    Next a
End Sub
```

── 解答群 ──

ア．Suti(a) < Suti(b)

イ．Suti(a) > Suti(b)

ウ．a = 0 To n - 2

エ．a = 0 To n - 1

(1)		(2)	

問2 プログラムの説明を読んで，プログラムの(3)〜(5)にあてはまる答えを解答群から選び，記号で答えなさい。

＜プログラムの説明＞

処理内容

引数で渡された配列に記憶されている数値を並べ替えてディスプレイに表示する。

処理条件

1．配列 Dat にはデータが記憶されている。
　なお，データ件数は n に記憶されている。

配列

Dat	(0)	(1)	〜	(n - 2)	(n - 1)
	653	739	〜	508	678

2．配列 Dat の数値を降順に並べ替える。

3．並べ替えが終わったら，配列 Dat の内容を表示する。

＜プログラム＞

```
Sub ProgramH3_2(Dat() As Long, n As Long)
    Dim a As Long
    Dim Hozon As Long
    Dim b As Long
    Dim c As Long
    For a = 1 To n - 1
        Hozon = Dat(a)
        For b = a - 1 To 0 Step -1
            If          (3)          Then
                Exit For
            End If
                      (4)
        Next b
        Dat(b + 1) = Hozon
    Next a
    For          (5)
        MsgBox (Dat(c))
    Next c
End Sub
```

解答群

ア．Dat(b) = Dat(b + 1)

イ．c = 0 To n - 1

ウ．Dat(b) <= Hozon

エ．c = 1 To n - 1

オ．Dat(b) >= Hozon

カ．Dat(b + 1) = Dat(b)

---

(3)		(4)		(5)	

4 次の各問いに答えなさい。

問1 プログラムの説明を読んで，プログラムの(1)～(3)にあてはまる答えを解答群から選び，記号で答えなさい。

＜プログラムの説明＞

（処理内容）

　引数で渡された配列に記憶されているデータを商品コードごとに集計してディスプレイに表示する。

（処理条件）

1. 配列 Sco は商品コードの昇順に記憶されている。

　配列

Sco	(0)	(1)	～	(n - 2)	(n - 1)
	101	101	～	201	201

2. 配列 Suryo には数量が記憶されている。

　配列

Suryo	(0)	(1)	～	(n - 2)	(n - 1)
	45	36	～	33	40

3. 配列 Sco と配列 Suryo は添字で対応しており，データ件数は n に記憶されている。

4. 商品コードごとに数量合計を集計する。なお，商品コードがかわるごとに，商品コードと数量合計をディスプレイに表示するとともに，総合計を集計する。

5. 最後に総合計をディスプレイに表示する。

＜プログラム＞

```
Sub ProgramH4_1(Sco() As Long, Suryo() As Long, _
  n As Long)
    Dim i As Long
    Dim Gkei As Long
    Dim Hozon As Long
    Dim Skei As Long
    i = 0
    [        (1)        ]
    Do While i < n
        Skei = 0
        Hozon = Sco(i)
        Do While i < n And Hozon = Sco(i)
            [        (2)        ]
            i = i + 1
        Loop
        MsgBox ([        (3)        ])
        Gkei = Gkei + Skei
    Loop
    MsgBox (Gkei)
End Sub
```

―― 解答群 ――

ア．Skei = Skei + Sco(i)

イ．Skei = Skei + Suryo(i)

ウ．Skei = 0

エ．Gkei = 0

オ．Sco(i) & "," & Skei

カ．Hozon & "," & Skei

(1)		(2)		(3)	

問2 プログラムの説明を読んで, プログラムの(4)〜(5)にあてはまる答えを解答群から選び, 記号で答えなさい。

<プログラムの説明>

処理内容

　キーボードから入力された文字列を, 引数で渡された配列から探索し, メッセージを返す。

処理条件

1. 配列 Jisyo には文字列が昇順に記憶されている。なお, データ件数は n に記憶されており, 同じ文字列はないものとする。

配列

Jisyo　(0)　(1)　〜　(n - 1)　(n)

	album	〜	yellow	zoom

2. キーボードから入力した文字列をもとに配列 Jisyo を探索し, 見つかった場合は「該当あり」, 見つからなかった場合は「該当なし」を返す。

<プログラム>

```
Function ProgramH4_2(Jisyo() As String, _
n As Long) As String
    Dim Tango As String
    Dim k As Long
    Dim j As Long
    Dim m As Long
    Tango = InputBox("")
    k = 0
    ┌─────── (4) ───────┐
    m = Int((k + j) / 2)
    Do While k + 1 < j And Jisyo(m) <> Tango
        If ┌─────── (5) ───────┐ Then
            j = m
        Else
            k = m
        End If
        m = Int((k + j) / 2)
    Loop
    If k + 1 < j Then
        ProgramH4_2 = "該当あり"
    Else
        ProgramH4_2 = "該当なし"
    End If
End Function
```

解答群

ア. j = n + 1

イ. Jisyo(m) > Tango

ウ. j = n

エ. Jisyo(m) < Tango

(4)		(5)	

5 次の各問いに答えなさい。

問1 プログラムの説明を読んで，プログラムの(1)～(2)にあてはまる答えを解答群から選び，記号で答えなさい。

＜プログラムの説明＞

処理内容

　引数で渡された配列に記憶されている数値に順位をつけてディスプレイに表示する。

処理条件

1．配列 Tokuten にはデータが降順に記憶されている。なお，データ件数は n に記憶されている。

配列

Tokuten 　(0)　　(1)　　～　(n - 1)　(n)

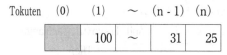

2．配列 Tokuten の数値を，降順に順位をつけて表示する。なお，数値が同じ場合は同順位とする。

＜プログラム＞

```
Sub ProgramH5_1(Tokuten() As Long, n As Long)
    Dim Juni As Long
    Dim Hozon As Long
    Dim j As Long
    Juni = 1
    Hozon = Tokuten(1)
    For j = 1 To n
        If [        (1)        ] Then
            Juni = j
            Hozon = Tokuten(j)
        End If
        MsgBox ([        (2)        ])
    Next j
End Sub
```

─── 解答群 ───
ア．Tokuten(j) & "," & j
イ．Tokuten(j) & "," & Juni
ウ．Tokuten(j) < Hozon
エ．Tokuten(j) > Hozon

(1)		(2)	

問2 プログラムの説明を読んで，プログラムの(3)〜(5)にあてはまる答えを解答群から選び，記号で答えなさい。

<プログラムの説明>

処理内容

　引数で渡された配列に記憶されている数値を並べ替えてディスプレイに表示する。

処理条件

1. 配列 Dat にはデータが記憶されている。なお，データ件数は n に記憶されている。

配列

Dat　　(0)　　(1)　　〜　(n - 1)　(n)

	653	〜	508	678

2. 配列 Dat の数値を昇順に並べ替える。

3. 並べ替えが終わったら，配列 Dat の内容を表示する。

<プログラム>

```
Sub ProgramH5_2(Dat() As Long, n As Long)
    Dim h As Long
    Dim i As Long
    Dim j As Long
    For h = 1 To n - 1
        For i = h + 1 To n
            If           (3)           Then
                Dat(0) = Dat(h)
                          (4)
                Dat(i) = Dat(0)
            End If
        Next i
    Next h
    For           (5)
        MsgBox(Dat(j))
    Next j
End Sub
```

解答群

　ア．Dat(h) > Dat(i)

　イ．j = 1 To n

　ウ．Dat(h) < Dat(i)

　エ．Dat(i) = Dat(h)

　オ．Dat(h) = Dat(i)

　カ．j = 0 To n

(3)		(4)		(5)	

Part Ⅲ プログラミング関連知識｜編

1 基数 10進数の10，2進数の2，n進数のnを基数という。

2 16進数 基数が16で，0～9までの10種類の数字と，A～Fまでの6種類の文字を使って数値を表現する方法。10進数，2進数および16進数の関係は右の表のとおりである。16進数の1桁で，2進数の4桁を表現ができる。

10進数	2進数	16進数
0	0	0
1	1	1
2	10	2
3	11	3
4	100	4
5	101	5
6	110	6
7	111	7
8	1000	8
9	1001	9
10	1010	A
11	1011	B
12	1100	C
13	1101	D
14	1110	E
15	1111	F
16	10000	10

3 基数変換 ある数値を異なる基数の数値に変換することをいう。

①2進数→10進数

【例】2進数1101を10進数に変換しなさい。

各桁の重みをかけて計算する。

$$(1101)_2 = 1 \times 2^3 + 1 \times 2^2 + 0 \times 2^1 + 1 \times 2^0$$
$$= 1 \times 8 + 1 \times 4 + 0 \times 2 + 1 \times 1$$
$$= 8 + 4 + 0 + 1$$
$$= 13$$

答 $(1101)_2 = (13)_{10}$

②10進数→2進数

【例】10進数23を2進数に変換しなさい。

10進数を2で順番に割っていき，余りから答えを求める。

```
2) 23
2) 11 …… 1 ↑ 並
2)  5 …… 1 │ び
2)  2 …… 1 │ の
2)  1 …… 0 │ 向
    0 …… 1 │ き
         ↑
       （余り）
```

答 $(23)_{10} = (10111)_2$

③2進数→16進数

【例】2進数1001011を16進数に変換しなさい。

右側から4桁ずつに分けて，16進数に対応させる。4桁に足らない場合は，左側に0を入れて考える。

```
100   1011
 ↓     ↓
0100  1011
 ↓     ↓
 4     B
```

答 $(1001011)_2 = (4B)_{16}$

④16進数→2進数

【例】16進数F4Cを2進数に変換しなさい。

16進数を4桁ごとの2進数に対応させる。

```
 F     4     C
 ↓     ↓     ↓
1111  0100  1100
```

答 $(F4C)_{16} = (111101001100)_2$

⑤16進数→10進数

【例】16進数3Aを10進数に変換しなさい。

各桁の重みをかけて計算する。

$$(3A)_{16} = 3 \times 16^1 + 10 \times 16^0$$
$$= 3 \times 16 + 10 \times 1$$
$$= 48 + 10$$
$$= 58$$

答 $(3A)_{16} = (58)_{10}$

⑥10進数→16進数

【例】10進数19を16進数に変換しなさい。

基数16で順番に割っていき余りから答えを求める。

```
16) 19
16)  1 …… 3 ↑ 並
     0 …… 1 │ び
          ↑  の
        （余り）向き
```

答 $(19)_{10} = (13)_{16}$

4　補数　負の数を表現するために利用する。「1の補数」と「2の補数」がある。

【例】　　　　2進数　　　（0と1を反対にする）　　1の補数　　（+1する）　　2の補数
　　　　　　100101　　　　　　→　　　　　　　011010　　　　→　　　　　011011

5　2進数の小数点表示　$(0.1)_2 = 2^{-1} = 0.5$　　$(0.01)_2 = 2^{-2} = 0.25$　　$(0.001)_2 = 2^{-3} = 0.125$

6　固定小数点形式　小数点の位置が最下位ビットの右に固定されている2進数の表現形式。最上位の1
ビットは符号が入る。符号は+が$(0)_2$, -が$(1)_2$である。負の数は2の補数表示である。

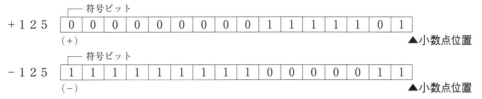

7　シフト演算

　おもに2進数の値を左または右にずらす演算方法である。符号ビットを考慮するかしないかで演算方
法が変わってくる。

①**論理シフト**　符号ビットを考慮しないときのシフト演算である。シフトをすることではみ出した値は
無効となり，空白となった部分には0が入る。

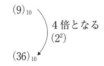

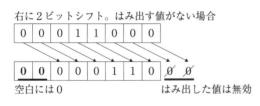

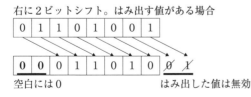

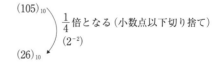

②**算術シフト**　符号ビットを考慮するときのシフト演算である。なお，符号ビットはシフトせず，変化しない。

左にシフトする場合 → はみ出した値は無効となり，空白となった部分には 0 が入る。

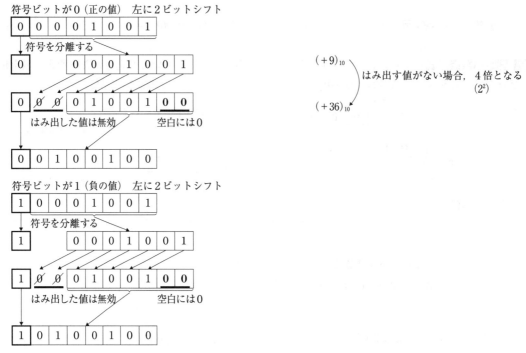

右にシフトする場合 → はみ出した値は無効となり，空白となった部分には符号ビットと同じ値が入る。

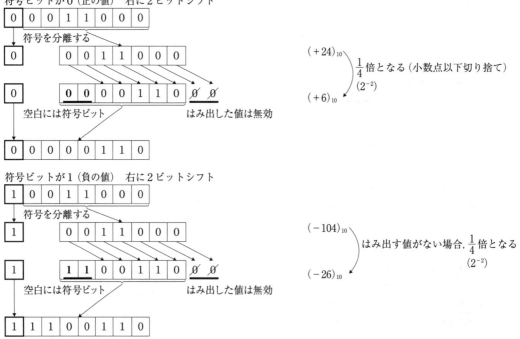

8　浮動小数点形式　数値を表現する場合，10 進数の + 10.625 は，+ 0.10625×10² と表現することもできる。この場合，+ を符号，0.10625 を仮数，2 を指数という。このように，小数点の右どなりに有効数字がくるように表現することを**正規化**という。コンピュータでは，極端な大小の数を扱う場合，2 進数を正規化し，**符号部，指数部，仮数部**に分けて表現する。

9 誤差 コンピュータ内部で数値を扱う場合，真の値とコンピュータ内部で表現する値との間に差が発生する。この差のことを誤差という。誤差には以下のものがある。

①**情報落ち** 絶対値の非常に大きな値と非常に小さな値の演算をするとき，非常に小さな値が演算結果に反映されないために発生する誤差である。

【例】 $(0.11010011)_2 \times 2^8 + (0.10001011)_2 \times 2^{-5}$

```
      11010011
 +           0.0000010001011
      11010011.0000010001011
```

正規化 ⇩ 仮数部で表現できる値が8桁の場合

$(0.11010011)_2 \times 2^8$（演算結果）　　　　　　　　演算結果に反映されない値

②**桁落ち** ほぼ等しい2つの数値の演算を扱うとき，有効桁数が減少することで発生する誤差である。

【例】 $(0.11010011)_2 \times 2^8 - (0.11010010)_2 \times 2^8$

```
      11010011
 -    11010010
             1
```

正規化 ⇩ 仮数部で表現できる値が8桁の場合

$(0.10000000)_2 \times 2^1$　　　　　　　　信用できない値

③**丸め誤差** 指定された有効桁数で演算結果を表現するために発生する誤差である。切り捨て，切り上げ，四捨五入などで発生する誤差がこれにあたる。

10 2進化10進数 10進数の各桁を2進数で表した数字で，10進数の1桁を4ビットで表す。

	4	2	5	6
4 2 5 6 →	0100	0010	0101	0110

11 CPU

①**クロック周波数**（clock frequency）

CPUやメモリなど各部品同士は一定のテンポでタイミングをとりながら動作している。このタイミングをとる信号を**クロック**といい，1秒間に発生するクロックを**クロック周波数**と呼ぶ。クロック周波数が高いほどコンピュータの処理能力は高くなる。単位は，GHz（ギガヘルツ）などを用いる。たとえば，1 GHzでは，1秒間に10億回のクロックが発生する。

【計算例1】 1秒間に15億回の周期で動作するCPUのクロック周波数。

$1,500,000,000 = 1.5 \times 10^9 = 1.5\,\text{GHz}$

【計算例2】 クロック周波数が4 GHzで，1命令で平均10クロックで実行するCPUの平均命令実行時間。

1秒間の実行命令数 $= 4,000,000,000 \div 10 = 400,000,000$ 命令

1平均命令実行時間（ナノ秒）$= 1$ 秒 $\div 400,000,000$ 命令

$= 1,000,000,000$ ナノ秒 $\div 400,000,000$ 命令 $= 2.5$ ナノ秒

②**MIPS**（Million Instructions Per Second）

コンピュータの処理性能を測る指標の1つで，1秒間に処理できる命令数を百万単位で表した値である。1秒間に100万回命令を実行できれば，1 MIPSとなる。

【計算例1】 1秒間に1億回の命令を実行するCPUのMIPS値。

$100,000,000$ 命令 $\div 1,000,000 = 100\,\text{MIPS}$

【計算例2】 1平均命令実行時間が0.02マイクロ秒のコンピュータのMIPS値。

$$\frac{1\,秒}{0.02\,マイクロ秒} = \frac{1,000,000\,マイクロ秒}{0.02\,マイクロ秒} = 50,000,000 = 50 \times 1,000,000$$

したがって50MIPSとなる。

【計算例3】 25MIPSのCPUが5,000万命令を実行するのにかかる時間。

$25\text{MIPS} = 25,000,000$ 命令／秒

$50,000,000$ 命令 $\div 25,000,000 = 2$ 秒

12 論理回路

2進数で1つ以上の値から次の新しい値を作り出す演算を**論理演算**といい，論理演算を行う回路を**論理回路**という。

①AND回路（論理積回路）　入力変数A，Bの値がともに1であるときに限り，出力変数Cが1になる回路。

②OR回路（論理和回路）　入力変数A，Bの値のどちらかが1であるとき，出力変数Cが1になる回路。

③NOT回路（否定回路）　入力変数が1のとき，出力変数が0になり，0のとき1になる回路。

④XOR回路（排他的論理和回路）　入力変数A，Bの値が異なるとき，出力変数Cが1になる回路。

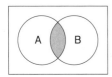 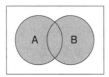  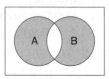　←ベン図

入力		出力
A	B	C=A·B
0	0	0
0	1	0
1	0	0
1	1	1

入力		出力
A	B	C=A+B
0	0	0
0	1	1
1	0	1
1	1	1

入力	出力
A	C=$\bar{A}$
1	0
0	1

入力		出力
A	B	C=A·$\bar{B}$+$\bar{A}$·B
0	0	0
0	1	1
1	0	1
1	1	0

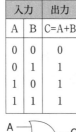 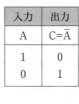 

▲AND回路　　　　▲OR回路　　　　　▲NOT回路　　　　　▲XOR回路

13 データ構造

コンピュータ処理の対象であるデータを格納する形態をデータ構造という。

①**キュー**　先に記録したデータを先に読み出すデータ構造である。先入れ先出し（FIFO：First-In First-Out）となる。

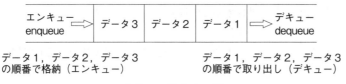

データ1，データ2，データ3　　　　　データ1，データ2，データ3
の順番で格納（エンキュー）　　　　　の順番で取り出し（デキュー）

▲キューのイメージ

②**スタック**　後から記録したデータを先に読み出すデータ構造である。後入れ先出し（LIFO：Last-In First-Out）となる。

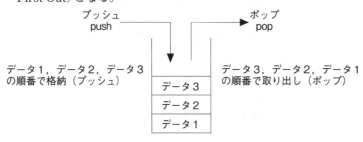

データ1，データ2，データ3　　　　　データ3，データ2，データ1
の順番で格納（プッシュ）　　　　　　の順番で取り出し（ポップ）

▲スタックのイメージ

③**リスト**　データの並びをリンクによって示すデータ構造である。挿入や削除が多いデータの格納に向いている。

④**ポインタ**　リストにおいて，前後のデータの場所を表す情報のこと。

| TOP 先頭データの場所を示す添字 | NEXT 次のデータの場所を示す添字 | | TOP 先頭データの場所を示すポインタ | NEXT 次のデータの場所を示すポインタ |

▲配列をリストで表したイメージ

⑤**木構造** 階層構造でデータを管理する構造。ツリー構造ともいい，木を逆さまにしたような形態で表現する。最上位の階層はルート（根）とよばれる。

14 ソフトウェア結合テスト

分割して開発されたモジュールを結合して行うテストで，次の2種類がある。

①**トップダウンテスト** 上位モジュールから下位モジュールへと順次結合していくテスト方法。下位モジュールが完成していない場合，その機能を**スタブ**が代行する。

②**ボトムアップテスト** 下位モジュールから上位モジュールへと順次結合していくテスト方法。上位モジュールが完成していない場合，その機能を**ドライバ**が代行する。

▲トップダウンテスト　　　　　　　　　　　▲ボトムアップテスト

15 システム結合テスト

システム全体に対して，要求された機能を満たしているかどうか確認するテストである。代表的な手法には，次のものがある。

①**機能テスト** ユーザ部門の要求する機能を満たしているかどうか検証する。

②**性能テスト** ユーザ部門の要求する性能を満たしているかどうか検証する。

③**負荷テスト** 同時に実行するプログラムやデータ量を増大させ，システムが耐えられるかどうか検証する。

④**回帰（リグレッション）テスト** システムの修正により，修正していない他の機能に影響を与えるかどうか検証する。

16 オブジェクト指向

①**オブジェクト** データの保存場所（属性）と処理内容（メソッド）を一体化して，ひとつの処理対象として扱うこと，またはその考え方（オブジェクト指向）のこと。

②**クラス** 具体的なデータを持つ前の，ひな形（テンプレート）として作成されたプログラムのこと。インスタンスになる前段階のものであり，一度クラスを作成しておけばインスタンスを複数生成することができるため，必要なつど改めてプログラミングをする必要がない。

③**インスタンス** クラスに具体的なデータを持たせたオブジェクトのこと。クラスから複数のインスタンスを生成することができる。

④**カプセル化** データの保存場所と処理内容を一体化すること。

17 プログラム呼び出し

①**リカーシブ（再帰）** 自分自身を呼び出すことができるプログラム。

②**リロケータブル（再配置）** 主記憶装置に呼び出した後，主記憶装置内で移動が可能なプログラム。

③**リエントラント（再入）** 複数のプログラムから同時に呼び出しても正しく実行できるプログラム。

④**リユーザブル（再使用）** 一度呼び出したら，何度でも使用することが可能なプログラム。

編末トレーニング

1 次の文の（　　）の中に入れる適当な語を解答群から選び，記号で答えなさい。

(1) 10100110（2進数）の1の補数は（　①　）であり，2の補数は（　②　）である。

(2) 10進数の10を2進数で表すと（　③　）になる。

【(1)と(2)の解答群】　ア．01011001　　イ．00001010　　ウ．00001110　　エ．01011010

(3) 2進化10進数は，10進数の各けたを（　④　）で表した数字である。

(4) 小数点の位置が最下位ビットの右に固定されている2進数を（　⑤　）といい，小数点の右どなりに有効数字がくるようにし，指数と仮数で表現する2進数を（　⑥　）という。

【(3)と(4)の解答群】　ア．浮動小数点形式　　イ．固定小数点形式　　ウ．2進数

　　　　　　　　　　　エ．16進数　　　　　　オ．10進数

①		②		③		④		⑤		⑥	

2 次の問いの答えをア，イ，ウの中から選び，記号で答えなさい。

(1) 0～9の数字と，A～Fの6種類の文字を使って数値を表現する方法を何というか。

　　（ア．16進数　　　　　　　　　イ．2進数　　　　　　　　　ウ．10進数　　　　　）

(2) 16進数のF4Cを2進数で表すとどうなるか。

　　（ア．1111 0100 1010　　　　　イ．1111 0100 1100　　　　　ウ．1111 0100 1101　　）

(3) 10進数の10や2進数の2のように，桁上がりの基準になる数を何というか。

　　（ア．補数　　　　　　　　　　イ．仮数　　　　　　　　　　ウ．基数　　　　　）

(4) 負の数値を表現するために利用する数を何というか。

　　（ア．補数　　　　　　　　　　イ．仮数　　　　　　　　　　ウ．基数　　　　　）

(1)		(2)		(3)		(4)	

3 次の文の下線部が正しいものには○印，誤っているものには正しい値，または語を書きなさい。

(1) 2進数の101101から2進数の11010を引いた結果を，10進数で表すと17になる。

(2) 10100110（2進数）の2の補数は01011011である。

(3) 2進数0.101を10進数で表すと0.375である。

(4) 2進数10110011を16進数で表すとB3である。

(5) 10進数176を2進数で表すと10011000である。

(6) 10進数100を16進数で表すと65である。

(7) 16進数AFを2進数で表すと10011111である。

(8) 16進数1Fを10進数で表すと30である。

(9) 固定小数点形式は，小数点の位置が最上位ビットの右に固定されている2進数の表現形式である。

(10) 浮動小数点形式において，小数点の右どなりに有効数字がくるように数字を表現することを標準化という。

(1)		(2)		(3)		(4)	
(5)		(6)		(7)		(8)	
(9)		(10)					

4 次のA群に最も関係が深いものをB，C群より1つずつ選び記号で答えなさい。

〈A群〉	〈B群〉	〈C群〉
(1) 論理回路	A．指数部	ア．10 進数の 10
(2) 1の補数	B．0 ～ 15	イ．OR 回路
(3) 仮数部	C．2 進数の 2	ウ．負の数
(4) 基数	D．2 の補数	エ．浮動小数点形式
(5) 16 進数	E．AND 回路	オ．A ～ F

(1)	,	(2)	,	(3)	,	(4)	,	(5)	,

5 次の条件により基数変換をしなさい。

(1) 10 進数の 67 を，2 進数に変換する。

(2) 10 進数の 52.25 を，2 進数に変換する。

(3) 2 進数の 110101 を，10 進数に変換する。

(4) 2 進数の 0.111 を，10 進数に変換する。

(5) 2 進数の 10011010 を，16 進数に変換する。

(6) 16 進数の E57 を，2 進数に変換する。

(7) 16 進数の 4B を，10 進数に変換する。

(8) 16 進数の 3A.8 を，10 進数に変換する。

(9) 10 進数の 278 を，2 進数に変換する。

(10) 10 進数の 19.75 を，16 進数に変換する。

(1)		(2)		(3)		(4)	
(5)		(6)		(7)		(8)	
(9)		(10)					

6 次の回路図に値を入力したとき，出力の値はどうなるか。表に適当な数値を入れなさい。

(1) AND 回路　NOT 回路

入力		出力
A	B	C
0	0	
0	1	
1	0	
1	1	

(2) OR 回路　NOT 回路

入力		出力
A	B	C
0	0	
0	1	
1	0	
1	1	

(3) XOR 回路　NOT 回路

入力		出力
A	B	C
0	0	
0	1	
1	0	
1	1	

(4) XOR 回路　AND 回路

入力		出力	
A	B	C	D
0	0		
0	1		
1	0		
1	1		

7 次のＡ群に最も関係が深いものをＢ，Ｃ群より１つずつ選び記号で答えなさい。

<Ａ群>(1) 　　　(2) 　　　(3) 　　　(4)

<Ｂ群>Ａ．AND 回路　　　Ｂ．NOT 回路　　　Ｃ．OR 回路　　　Ｄ．XOR 回路

<Ｃ群>ア．A B →C　　イ．A →C　　ウ．A B →C　　エ．A B →C

(1)	，	(2)	，	(3)	，	(4)	，

8 次の文の（　　）の中に入れる適当な語を解答群から選び，記号で答えなさい。

　　データの保存場所と処理内容を一体化して記述し，ひとつの処理対象として考えるプログラム設計方法を（　①　）指向とよぶ。データの保存場所を属性，処理内容をメソッドという。この属性とメソッドを一体化させることを（　②　）といい，これによりプログラムがひとつの部品として完成する。

　　完成したプログラムは（　③　）とよばれ，他のプログラムから何度でも呼び出すことができる。（　③　）は具体的なデータを持っていない，いわゆるひな形の状態である。（　③　）に具体的なデータを持たせたものを（　④　）といい，ひとつの（　③　）から複数の（　④　）を生成することができることから，一度のプログラミングで部品を再利用でき，プログラミングの効率が向上する。

　　このように，（　①　）指向は，一度開発したプログラムを再利用しやすいことから，新たなシステムを開発する際に，すでに作成したプログラムを呼び出すことで開発時間の短縮やプログラムの有効活用が実現するのである。

```
解答群
ア．リエントラント　　イ．インスタンス　　ウ．リロケータブル　　エ．リカーシブ
オ．オブジェクト　　カ．カプセル化　　キ．リユーザブル　　ク．クラス
```

①		②		③		④	

9 次のＡ群に最も関係が深いものをＢ群より１つ選び記号で答えなさい。

<Ａ群>　(1) リユーザブル　　(2) リロケータブル　　(3) リカーシブ　　(4) リエントラント

<Ｂ群>　ア．再入といい，複数のプログラムから同時に呼び出されても，他のプログラムの影響を受けないこと。

　　　　イ．再配置可能といい，主記憶装置内で配置を変更することができること。

　　　　ウ．再帰といい，プログラムの実行中に自らを呼び出すことができること。

　　　　エ．再使用可能といい，一度呼び出せば何度でも使用可能なこと。

(1)		(2)		(3)		(4)	

10 次の問いの答えを解答群の中から選び，記号で答えなさい。

(1) 先に入力されたデータを先に出力するデータ構造を何というか。
（**ア**．キュー 　　　　**イ**．ポインタ 　　　　**ウ**．木構造 　　　　）

(2) データを階層構造で表現したデータ構造を何というか。
（**ア**．リスト 　　　　**イ**．木構造 　　　　**ウ**．ドライバ 　　　　）

(3) リストにおいて，次のデータが格納されている場所を示すもの。
（**ア**．キュー 　　　　**イ**．クラス 　　　　**ウ**．ポインタ 　　　　）

(4) データの順序がポインタによって決定されるデータ構造を何というか。
（**ア**．スタック 　　　　**イ**．キュー 　　　　**ウ**．リスト 　　　　）

(5) 後に入力されたデータを先に出力するデータ構造を何というか。
（**ア**．スタック 　　　　**イ**．ポインタ 　　　　**ウ**．スタブ 　　　　）

(1)		(2)		(3)		(4)		(5)	

11 次の文の（　）の中に入れる適当な語を解答群から選び，記号で答えなさい。

(1) コンピュータが1秒間に何百万回の命令を処理することができるかの指標を（　①　）という。M は百万をあらわす million，I は命令，PS は1秒間を示す /s である。

(2) 符号ビットを考慮しないシフト演算を（　②　）という。

(3) 符号ビットを考慮するシフト演算を（　③　）という。左シフトの場合は空きビットに0を，右シフトの場合は空きビットに符号ビットと同じ値を追加する。

(4) CPU（中央処理装置）が1秒間に発する信号の量を（　④　）という。この信号によりコンピュータ内部の部品は作動する。値が大きいほど仕事量は多くなる。

解答群

ア．MIPS 　　　　**イ**．論理シフト 　　　**ウ**．インスタンス 　　　**エ**．リスト

オ．クロック周波数 　　**カ**．算術シフト

---

①		②		③		④	

12 次の文の（　　）の中に入れる適当な語を解答群から選び，記号で答えなさい。

(1) 指定された有効桁数で演算結果を表現するために発生する誤差を（　①　）という。

(2) 絶対値の非常に大きな値と非常に小さな値の演算をするとき，非常に小さな値が演算結果に反映されないために発生する誤差を（　②　）という。

(3) ほぼ等しい2つの数値の演算を扱うとき，有効桁数が減少することにより発生する誤差を（　③　）という。

(4) コンピュータ処理の対象であるデータには，さまざまな構造がある。（　④　）は後から記録したデータを先に読み出すデータ構造であり，（　⑤　）は，先に記録したデータを先に読み出すデータ構造である。

(5) 分割されたモジュールを結合して行うテストには，次の2種類がある。（　⑥　）は上位モジュールから下位モジュールへと順次結合していくテスト方法であり，下位モジュールが完成していない場合，その機能をスタブが代行する。（　⑦　）は下位モジュールから上位モジュールへと順次結合していくテスト方法であり，上位モジュールが完成していない場合，その機能を（　⑧　）が代行する。

```
─ 解答群 ─────────────────────────────────────────
 ア．スタック     イ．ドライバ        ウ．トップダウンテスト   エ．桁落ち
 オ．丸め誤差     カ．ボトムアップテスト  キ．情報落ち        ク．キュー
```

①		②		③		④	
⑤		⑥		⑦		⑧	

13 次のA群に最も関係が深いものをB群より1つ選び記号で答えなさい。

＜A群＞　(1) 性能テスト　　(2) 負荷テスト　　(3) 回帰(リグレッション)テスト
　　　　　(4) 機能テスト

＜B群＞　ア．システムの修正により，修正していない他の機能に影響を与えるかどうか検証する。
　　　　　イ．ユーザ部門の要求する機能を満たしているかどうか検証する。
　　　　　ウ．同時に実行するプログラムやデータ量を増大させ，システムが耐えられるかどうか検証する。
　　　　　エ．ユーザ部門の要求する性能を満たしているかどうか検証する。

(1)		(2)		(3)		(4)	

14 次の文の下線部が正しいものには○印，誤っているものには正しい語を書きなさい。

(1) 絶対値の非常に大きな値と非常に小さな値の演算をするとき，非常に小さな値が演算結果に反映されないために発生する誤差を<u>丸め誤差</u>という。

(2) 先に記録したデータを先に読み出すデータ構造を<u>キュー</u>という。

(3) トップダウンテストは上位モジュールから下位モジュールへと順次結合していくテスト方法であり，下位モジュールが完成していない場合，その機能を<u>ドライバ</u>が代行する。

(4) 同時に実行するプログラムやデータ量を増大させ，システムが耐えられるかどうか検証するテストを<u>回帰テスト</u>という。

(5) リストにおいて，前後のデータの格納場所を示す情報を<u>ベン図</u>という。

(1)		(2)		(3)		(4)		(5)	

15 次の計算をしなさい。ただし，符号付き8ビットの固定小数点形式による2進数では，負数は2の補数で表すものとする。

(1) 16進数 A3.4C を2進数に変換したときの値を答えなさい。

(2) 10進数 3 を，8ビットの固定小数点形式による2進数に変換してから，左に2ビット論理シフトしたときの値を10進数で答えなさい。

(3) 8ビットの固定小数点形式による2進数 01100110 を，左に3ビット論理シフトしたときの値を2進数で答えなさい。

(4) 8ビットの固定小数点形式による2進数 11001001 を、右に1ビット論理シフトしたときの値を2進数で答えなさい。

(5) 符号付き8ビットの固定小数点形式による2進数 00000011 を，右に1ビット算術シフトしたときの値を2進数で答えなさい。

(6) 符号付き8ビットの固定小数点形式による2進数 01100110 を，左に3ビット算術シフトしたときの値を2進数で答えなさい。

(7) 符号付き8ビットの固定小数点形式による2進数 11001001 を，右に1ビット算術シフトしたときの値を2進数で答えなさい。

(8) 符号付き8ビットの固定小数点形式による2進数 01001001 を，右に2ビット算術シフトしたときの値を2進数で答えなさい。

(9) 符号付き8ビットの固定小数点形式による2進数 00001100 について，左に2ビット算術シフトしたものと，元の値との和を求めたときの値を10進数で答えなさい。

(10) ある2進数の正の整数 x を3ビット左シフトした値に，元の値 x を加算した結果は，元の値 x を何倍したものか，答えなさい。

(11) 符号付き8ビットの固定小数点形式による2進数 00001111 と 11111011 との和を，10進数で答えなさい。ただし，負数は2の補数で表すものとする。

(12) 10進数の 47 を8ビットの2進化10進数で表したもの。

(13) 1秒間に20億回の周期で動作する CPU のクロック周波数を，GHz で答えなさい。

(14) 10MIPS のコンピュータが7000万命令を実行するのに必要な時間は何秒か，答えなさい。

(15) 空のスタックに対して次の操作を行った場合，スタックに残っているデータを答えなさい。

データ1を挿入（プッシュ）→データ2を挿入（プッシュ）→データをひとつ取り出し（ポップ）→データ3を挿入（プッシュ）→データをひとつ取り出し（ポップ）

(16) 4つのデータ A, B, C, D がこの順にキューに挿入（エンキュー）されている。このキューに対して，データ取り出し（デキュー）を行ったとき，3回目のデキューで取り出すことのできるデータを答えなさい。

(17) 16ビットの2進数 x を16進数の各桁に分けて，下位の桁から順にスタックに格納するために，次の①～③を4回繰り返す。①x と，ある16進数 y の論理積を z に求める。②z をスタックに格納する。③元の x を右に4ビット論理シフトして新たな x にする。y の値を**ア**～**ウ**の中から選び，記号で答えなさい。

ア．FFFF　　**イ**．F000　　**ウ**．000F

⒅　次の図は，ディレクトリを木構造で表したものである。ルートディレクトリである"検定"ディレクトリから始まり，"プログラミング"ディレクトリを指定するための表記方法を，**ア〜ウ**の中から選び，記号で答えなさい。ただし，経路上のディレクトリ名は"¥"で区切って順に示すものとする。

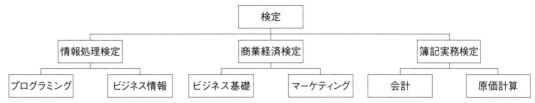

　　ア．検定¥情報処理検定¥プログラミング　　　**イ**．プログラミング　　　**ウ**．検定¥プログラミング

⒆　次の表は，次アドレスへのポインタをもつリスト構造のデータである。この表において，市井と 後藤の間に，新たな社員である 吉澤 を追加したい。太枠の部分の次ポインタを，いくつに書き換えればよいか，答えなさい。

TOP

次ポインタ
100

表

アドレス	氏名	次ポインタ
100	保田	200
200	市井	300
300	後藤	0

追加するデータ

アドレス	氏名	次ポインタ
400	吉澤	300

⒇　次の表は，次アドレスへのポインタをもつリスト構造のデータである。この表において，退職する社員である 福田 を削除したい。太枠の部分の次ポインタを，いくつに書き換えればよいか，答えなさい。

TOP

次ポインタ
100

表

アドレス	氏名	次ポインタ
100	中澤	200
200	福田	300
300	安倍	400
400	飯田	500
500	石黒	0

(1)		(2)		(3)	
(4)		(5)		(6)	
(7)		(8)		(9)	
(10)	倍	(11)		(12)	
(13)	GHz	(14)	秒	(15)	
(16)		(17)		(18)	
(19)		(20)			

Part Ⅳ 知識 編

Lesson 1 ハードウェア・ソフトウェア

1 システムの開発と運用

　コンピュータによる業務処理は，データの発生から終了までの一連の流れを，効果的に統一された方法で行う。このようにコンピュータシステムを効率よく，総合的に最もよいしくみに作り上げていくことをシステム開発という。ここではシステム開発と開発期間に関する計算について学習してみよう。

学習の ポイント

キーワード

▶**開発手法**
- ☐ ウォータフォールモデル
- ☐ プロトタイピングモデル
- ☐ スパイラルモデル

▶**開発工程**
- ☐ 要件定義
- ☐ 外部設計
- ☐ 内部設計
- ☐ プログラム設計
- ☐ プログラミング
- ☐ ブラックボックステスト
- ☐ ホワイトボックステスト
- ☐ テスト
- ☐ 単体テスト
- ☐ 結合テスト
- ☐ システムテスト
- ☐ 運用・保守

▶**開発期間に関する計算**
　（ 人日　人月 ）

データベースサーバ　　　オンラインプリンタ

顧客管理　　　売上管理　　　在庫管理

▲販売管理システム

要件定義 どんな機能をもつ システムか	システム設計 ソフトウェア詳細 設計書の作成	プログラミング java,C 言語， COBOL 言語
テスト ユーザ参加の 環境テスト	ソフトウェアの受入 社内研修の実施 資源の確保	ソフトウェア保守 システムの改修 障害対策

▲システム開発プロセス

⑴開発手法

コンピュータシステムを開発するためには，一定の規則にしたがって手順よく進めなければならない。

・**ウォータフォールモデル（waterfall model）**………　上流工程から下流工程へ，滝の流れのように段階的に設計を進めていく方式を**ウォータフォールモデル**という。現在の代表的な技法で，大規模なシステムの開発に用いられる。ウォータフォールモデルの長所は，手順にしたがった作業により，管理がしやすいことである。しかし，設計のある段階で問題が生じたときに前の作業に戻っての変更がしづらい短所を持っている。

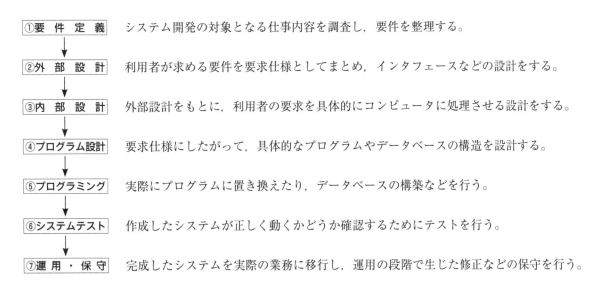

①要　件　定　義	システム開発の対象となる仕事内容を調査し，要件を整理する。
②外　部　設　計	利用者が求める要件を要求仕様としてまとめ，インタフェースなどの設計をする。
③内　部　設　計	外部設計をもとに，利用者の要求を具体的にコンピュータに処理させる設計をする。
④プログラム設計	要求仕様にしたがって，具体的なプログラムやデータベースの構造を設計する。
⑤プログラミング	実際にプログラムに置き換えたり，データベースの構築などを行う。
⑥システムテスト	作成したシステムが正しく動くかどうか確認するためにテストを行う。
⑦運　用　・　保　守	完成したシステムを実際の業務に移行し，運用の段階で生じた修正などの保守を行う。

・**プロトタイピングモデル（prototyping model）**………　試作品（プロトタイプ）を早い段階で利用者に提供し，利用者の評価をもとに順次変更しながら進めていく方式を**プロトタイピングモデル**という。比較的小規模のシステム開発に適している。

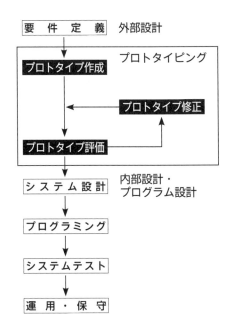

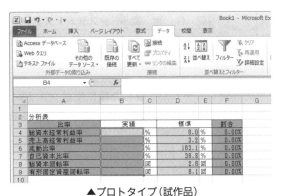

▲プロトタイプ（試作品）

処理画面の試作品を作ってユーザの評価を得る。

・**スパイラルモデル（spiral model）**………　基本的なシステムを作成してから，要件定義によって重要度の高い機能を順番に作成していき，最終的に大きなシステムを完成する方式を**スパイラルモデル**という。ウォータフォールとプロトタイピングの併用型で両方の長所を持っている。スパイラルモデルは，利用者の要求を確認しながら徐々にシステムを完成させることができる。しかし，この技法の場合，機能ごとに分割することができるシステムでないと対応できない。

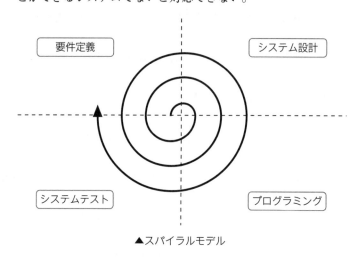

▲スパイラルモデル

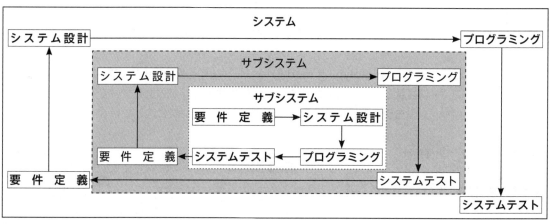

【例】商品の在庫システムが完成した後に配送システムを作成し，さらに顧客管理システム，販売システムを作成して，全体的な通販のシステムを完成させる。

⑵開発工程
①要件定義
　利用者の要望を把握し，システムに盛り込む機能を決定することを**要件定義**という。システムの設計は多くの人たちが協力し合い，現在の問題点を解決する作業である。要件定義はこれから作成するシステムの最も大切な部分であり，開発者と利用者が十分相談をしながら進められなければならない。
　要件定義では，入力されるデータは何か，そのデータはどのように加工されて出力されるかを大まかに決めておく。また，GUI系のシステムでは，利用者の要求にそった画面の流れなどを文書化して矛盾のないように確認する。
②外部設計
　利用者が求める機能を利用者の立場に立って設計することを**外部設計**という。担当者は，システムでは

どのような機能がなぜ必要かなど，利用者の要求を明確に開発者に伝えることが重要である。また，利用者との確認作業（レビュー）も大切である。

③内部設計

利用者の業務内容から見た機能をもとに設計する外部設計に対して，使用するコンピュータの仕様，システム開発側の立場を意識しながらシステムを設計することを**内部設計**という。

④プログラム設計

内部設計をもとに具体的なプログラムの設計を行うことを**プログラム設計**という。具体的には，何を入出力し，どのような処理を行うかをはっきりさせる。また，わかりやすいプログラムを作成するために，プログラム全体をモジュールというひとまとまりの機能を持った単位に分割する。設計内容や処理内容を再確認するためにテストケースも同時に設計する。

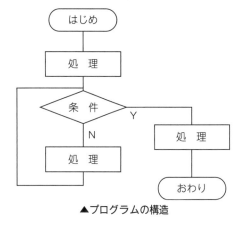

▲プログラムの構造

⑤プログラミング

プログラム設計の結果を受けて，実際にプログラムを作成し，テストも併せて行う作業のことを**プログラミング**という。プログラミングにはさまざまな言語が用いられる。

プログラミングで行われるテストとしては，**ブラックボックステスト**や**ホワイトボックステスト**などがある。

- **ブラックボックステスト（ユーザインタフェーステスト）**………　システムの内部構造とは無関係に外部から見た機能について検証するテスト方法で，入力と出力だけに着目し，さまざまな入力に対して仕様書どおりの出力が得られるかどうかを確認するテスト。
- **ホワイトボックステスト（構造テスト）**………　プログラムの内部構造が論理的に正しく構成されているか内部の流れを確認するテスト。

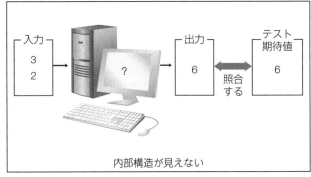

▲ブラックボックステスト

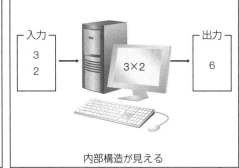

▲ホワイトボックステスト

⑥テスト

さまざまな視点からの**テスト**を行い，システム上の誤りや設計上の誤りを見つけ出す作業のこと。テストに際しては，開発専門の人間だけではなく，利用者なども参加して実施する必要がある。

- **単体テスト**………　システムを構成する最小単位である一つのモジュール（プログラム）に対して実行されるソフトウェアテストを**単体テスト**という。エラーの抽出や品質の評価，仕様に適合しているかなどを検証する。
- **結合テスト**………　モジュール間のインタフェース（接点）が正しく機能しているか，データの受け渡しが正しく行われているかなどを検証するテストを**結合テスト**という。
- **システムテスト**………　システムの入力処理から出力処理にいたる全体的な流れが正しく機能しているかを確認するテストを**システムテスト**という。

⑦運用・保守

　実際の業務での運用の中で生じた問題点を解消するために，システムの改修（再編成）やデータ項目の追加・削除（再構成）などを行う作業のこと。一般的に，ハードウェアやソフトウェア，システムに対するサポート業務を**保守**という。

⑶開発期間に関する計算

　システム開発などに要する必要な作業量を**工数**という。作業の開始から完成までに費やした作業時間の合計で，複数で作業をする場合は各人の作業時間の総合計となる。この工数を表す単位として，**人日**（にんにち）や**人月**（にんげつ）などが用いられる。

- **人日**………　1人の作業員が，1日8時間働くと仮定して消化できる作業量のこと。3人日なら，1人で3日働いてこなせる作業量となる。
- **人月**………　1人の作業員が，1日8時間・1か月20日働くと仮定して消化できる作業量のこと。3人月なら，1人で60日（3か月）働いてこなせる作業量となる。

【例題】あるプログラム開発を完成させるのに，Aさん1人で10日，Bさん1人で15日かかる場合，これを2人で一緒に作業をすると何日で完成するか。

　　　　ア．5日　　　イ．6日　　　ウ．7日

〈解答例〉

- Aさんの1日の作業量：1/10，Bさんの1日の作業量：1/15
- 2人合計の1日の作業量：1/10 + 1/15 = 5/30 = 1/6
- 1/6（1日の作業量）× 6（日数）= 1（完成）　　　　　　　　　　　　答え：　イ

(1) 次のA群の語句に最も関係の深い説明文をB群から選び，記号で答えなさい。

〈A群〉

1. ブラックボックステスト　　2. プロトタイピングモデル　　3. スパイラルモデル
4. 要件定義　　　　　　　　　5. 単体テスト　　　　　　　　6. 内部設計
7. プログラム設計　　　　　　8. 結合テスト　　　　　　　　9. 運用・保守
10. システムテスト

〈B群〉

ア. 基本設計からテストまでの流れが，前の工程に戻らないことを原則としているシステム開発モデル。

イ. システム開発の初期段階から試作品を作成し，利用者と確認をしながら進めていく開発手法。

ウ. システム開発モデルの一つで，システムを独立性の高い部分に分割し，利用者の要求やインタフェースの検討などを経て，設計・プログラミング・テストの工程を繰り返す手法。

エ. 開発者と利用者が十分に話し合って進めるシステムの要件を決定する段階。

オ. プログラム全体をモジュール単位に分割し，わかりやすいプログラム構造を設計する段階。

カ. 使用するコンピュータの仕様やシステムの特性を考慮して設計する段階。

キ. 実際にプログラムを作成し，テストも併せて行う作業。

ク. 一つのモジュールの論理エラーを抽出するテスト。

ケ. モジュール間で受け渡されるデータにエラーがないかを抽出するテスト。

コ. 入力処理から出力処理にいたるシステム全体の流れが正しく機能しているか確認するテスト。

サ. システムの改修やデータ項目の追加・削除など，データ変更をともなうシステムの再編成の作業。

シ. プログラムの内部構造には関係なく，入力データが仕様書のとおりに出力されるかを確認するテスト。

ス. プログラムの内部構造に着目し，プログラムが設計どおりに動作しているかを確認するテスト。

1		2		3		4		5	
6		7		8		9		10	

(2) 次の説明に該当する語を記述しなさい。6. については数値を答えなさい。

1. 外部設計，内部設計などいくつかの工程に分割して進めるシステム開発モデル。大規模な開発に向いている。前の工程で設計ミスがあると設計全体に影響する。

2. 入力データが仕様書のとおりに出力されるかを確認するためのテスト。プログラムの内部構造には関係なく，処理結果と期待値を照合して確認する。

3. システム開発の初期段階から試作品を作成し，ユーザと確認をしながら進めていく開発手法。

4. 基本的なシステムをもとに，サブシステムを順次構築していく設計手法。

5. プログラム全体をモジュール単位に分割し，プログラムの構造を設計すること。

6. 納品したシステムの保守作業に，Aさん1人だと3日，Bさん1人だと6日かかる場合，これを2人で一緒に作業をすると何日で終了するか。

1		2		3	
4		5		6	日

2 性能評価

コンピュータシステムを評価するときの指標（基準）には，コンピュータやシステムの処理能力に関するものと，コンピュータシステムの信頼性に関するものがある。ここでは，コンピュータシステムの性能評価について学習してみよう。

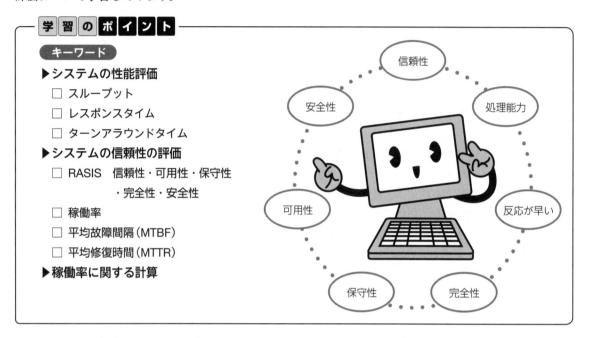

学習の ポイント

キーワード

▶ **システムの性能評価**
 □ スループット
 □ レスポンスタイム
 □ ターンアラウンドタイム
▶ **システムの信頼性の評価**
 □ RASIS　信頼性・可用性・保守性
　　　　　　・完全性・安全性
 □ 稼働率
 □ 平均故障間隔（MTBF）
 □ 平均修復時間（MTTR）
▶ **稼働率に関する計算**

(1)システムの性能評価

コンピュータシステムの性能管理では，システムの性能を表す測定値を見て，処理に異常な時間がかかるなどの現象が現れたとき適切な対処を行うことで障害を予防している。測定値の尺度には，**スループット**や**レスポンスタイム**，**ターンアラウンドタイム**などがある。

・**スループット（throughput）**………　一定時間内にコンピュータが行う仕事の量やデータの通信量を表したもの。

【例】10分間で10,000件の会員データを処理する性能。

・**レスポンスタイム（response time）**………　利用者が直接コンピュータに指示を与えてから結果が出はじめるまでの時間。応答時間。リアルタイム処理の際に使われることが多い。

【例】WebブラウザにURLを入力してから，サイトの画面が表示されはじめるまでの時間。

・**ターンアラウンドタイム（turn around time）**………　利用者がデータやプログラムをコンピュータに与えてから処理結果を得るまでの時間。バッチ処理の際に使われることが多い。

【例】給与計算のデータを入力してからすべての結果が出力されるまでの時間。

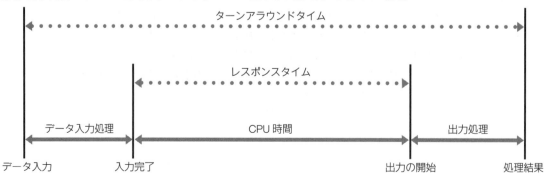

⑵システムの信頼性の評価

コンピュータシステムが故障なく稼働するか，外部からの不正なアクセスを防止できるかなど，システムの信頼性を測る尺度として，**信頼性・可用性・保守性・完全性・安全性**の指標がある。

・RASIS……………… システムの評価指標を表した頭文字を並べたものをRASISという。

R：信頼性 （Reliability）	コンピュータが，故障なしに安定して稼働すること。平均故障間隔（MTBF）を用いて評価する。
A：可用性 （Availability）	システムが稼働していて，処理が正常に実行できること。稼働率（可用時間）を用いて評価する。
S：保守性 （Serviceability）	装置が故障したときに，容易に保守を実行できること。平均修復時間（MTTR）を用いて評価する。
I：完全性 （Integrity）	データの内容や項目間に正当性や整合性が保てること。一つのファイルを複数のユーザが同時に使用できないような技術（排他制御技術）などで実現される。
S：安全性 （Security）	システム内の情報を，部外者の破壊行為から守ったり，プライバシーを確保したりすること。ID・パスワードの設定，システムファイルに対する使用権の設定などで実現される。

・**稼働率**…………… システムが正常に動作している時間の割合を**稼働率**という。可用性を高めるためには稼働率を1（100％）に近くすることが重要である。故障が少なく長時間継続して動作し，もし故障したときも修理の時間を短くすることで稼働率を高めることができる。

稼働率は，平均故障間隔（MTBF）と，平均修復時間（MTTR）から求められる。

$$稼働率 = \frac{平均故障間隔}{（平均故障間隔 ＋ 平均修復時間）} = \frac{MTBF}{MTBF ＋ MTTR}$$

・**平均故障間隔（MTBF：Mean Time Between Failures）**……… 装置やシステムが正常に動作している平均時間である。故障が修復してから次の故障が発生するまでの平均時間でもある。MTBFの値が大きいほど信頼性が高い。

・**平均修復時間（MTTR：Mean Time To Repair）**……… 故障のとき，修理に要する平均時間である。MTTRが短いほど保守性が高い。

⑶稼働率に関する計算

①稼働率の基本計算

【例題】下の図のような性能のシステムの稼働率を求めなさい。

正常動作100時間		正常動作80時間		正常動作90時間	
	故障10時間		故障8時間		故障12時間

ア．0.1　　　　　　　イ．0.11　　　　　　ウ．0.9

〈解答例〉

平均故障間隔 ＝（100 ＋ 80 ＋ 90）÷ 3 ＝ 90（時間）

平均修復時間 ＝（10 ＋ 8 ＋ 12）÷ 3 ＝ 10（時間）

$$稼働率 = \frac{90}{90 ＋ 10} = \frac{90}{100} = 0.9（90％）$$

答え：　　ウ

一つの装置によって構成されるシステムの稼働率は上記の計算式で求められるが，複数の装置によって構成されるシステムの場合は，次にあげる方法によって全体の稼働率を求める。

②装置が直列につながっているシステムの稼働率

コンピュータ装置が直列に接続されている場合，どちらか一方にトラブルが発生すると，システム全体に影響がおよび，正常に稼働することができない。

装置A	装置B	全体
○	○	○
○	×	×
×	○	×
×	×	×

○：正常　×：故障

直列に接続されたシステムの組み合わせを考えると右の表のようになる。このように，直列のシステムの場合，両方が正常に動作しているときにのみシステム全体が稼働することになる。

このことから，直列システムの稼働率は次の式で求められる。

直列システムの稼働率 ＝ 装置Aの稼働率 × 装置Bの稼働率

【例題】次のような直列システムの稼働率を求めなさい。なお，装置Aの稼働率を0.9，装置Bの稼働率を0.8とする。

ア．0.72　　　　　　イ．0.85　　　　　　ウ．0.98

〈解答例〉

直列システムの稼働率 ＝ 装置Aの稼働率 × 装置Bの稼働率
$$= 0.9 \times 0.8$$
$$= 0.72$$

答え：　ア

③装置が並列につながっているシステムの稼働率

コンピュータ装置が並列に接続されている場合，一方にトラブルが発生しても，もう一方が動作していれば，システム全体は正常に稼働することができる。

装置A	装置B	全体
○	○	○
○	×	○
×	○	○
×	×	×

○：正常　×：故障

並列に接続されたシステムの組み合わせを考えると右の表のようになる。このように，並列のシステムの場合，両方が故障しているときにのみシステム全体が停止することになる。

このことから，並列システムの稼働率は次の式で求められる。

並列システムの稼働率 ＝ 1 －（装置Aの故障率 × 装置Bの故障率）
＝ 1 －｛（1 － 装置Aの稼働率）×（1 － 装置Bの稼働率）｝

【例題】次のような並列システムの稼働率を求めなさい。なお，装置Aの稼働率を0.9，装置Bの稼働率を0.8とする。

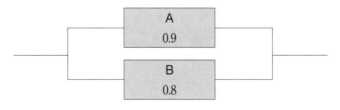

ア．0.72　　　　　　イ．0.85　　　　　　ウ．0.98

〈解答例〉

並列システムの稼働率 = 1 - {(1 - 装置Aの稼働率) × (1 - 装置Bの稼働率)}
$$= 1 - \{(1 - 0.9) \times (1 - 0.8)\}$$
$$= 1 - 0.1 \times 0.2$$
$$= 1 - 0.02$$
$$= 0.98$$

答え：　ウ

〈解説〉

装置Aの故障率は，1 - 0.9 = 0.1

装置Bの故障率は，1 - 0.8 = 0.2

装置Aと装置Bの両方が故障する確率は，0.1 × 0.2 = 0.02

装置Aと装置Bの一方または両方が正常に稼働する確率は，1 - 0.02 = 0.98

筆記練習 2

(1) 次のA群の語句に最も関係の深い説明文をB群から選び，記号で答えなさい。

〈A群〉

1. スループット　　　　2. レスポンスタイム　　　　3. ターンアラウンドタイム

4. RASIS　　　　5. 平均故障間隔（MTBF）　　　　6. 平均修復時間（MTTR）

〈B群〉

ア．コンピュータシステムが一定時間内に処理する仕事量や，伝達できる情報量。

イ．印刷命令を送ってからプリンタが動きはじめるまでの時間のように，コンピュータシステムに処理を指示してから，その処理がはじまるまでに要する時間。

ウ．印刷命令を送ってからプリンタがすべての結果を出力し終わるまでに要する時間。

エ．コンピュータシステムに関する評価指標で，「信頼性」,「可用性」,「保守性」,「完全性」,「安全性」の5項目の頭文字で表現したもの。

オ．コンピュータシステムが，故障から復旧した後，次に故障するまでの平均時間。

カ．コンピュータシステムが故障してから，完全に復旧するまでにかかる平均時間。

1		2		3		4		5		6	

(2) 次の説明文に最も適した答えをア，イ，ウの中から選び，記号で答えなさい。

1. インターネットの利用時に，キーワードを入力して検索結果がすべて表示されるまでの時間。

　　ア．スループット　　　　イ．ターンアラウンドタイム　　　　ウ．レスポンスタイム

2. コンピュータの故障時，修復までにかかる平均的な時間を表したもの。

　　ア．MTTR　　　　イ．MTBF　　　　ウ．MIPS

3. コンピュータが故障せずに安定して稼働する指標。

　　ア．可用性　　　　イ．信頼性　　　　ウ．保守性

4. コンピュータが正常に稼働している時間の割合。

　　ア．稼働率　　　　イ．平均故障間隔　　　　ウ．平均修復時間

1		2		3		4	

(3) 次の説明に該当する語を記述しなさい。

1. コンピュータシステムが一定時間内に処理する仕事量や通信量のこと。
2. 処理命令を出してから最初の応答が返るまでの時間。
3. システムの信頼性の指標の一つで，データの整合性や正当性を保つこと。
4. システムが稼働していて，処理が正常に実行できることを示す指標。
5. 処理命令を出してからすべての処理結果を得るまでの時間。

1		2		3	
4		5			

(4) 次の計算をしなさい。

1. 装置Aと装置Bが，次の図のように配置されているシステムにおいて，システム全体の稼働率を求めなさい。ただし，装置Aと装置Bの稼働率はいずれも0.8とする。

2. 装置Aと装置Bが，次の図のように配置されているシステムにおいて，システム全体の稼働率を求めなさい。ただし，装置Aと装置Bの稼働率はいずれも0.8とする。

3. 装置Aと装置Bが，次の図のように配置されているシステムにおいて，システム全体の稼働率が0.81のとき，装置Bの稼働率はいくらか。ただし，装置Aの稼働率は0.9とする。

1		2		3	

3 障害管理

どのようなシステムでも障害が発生することがある。そのときにシステムをどのように守るか，事前に準備しておかなければならない。ここでは，コンピュータシステムの障害管理について学習してみよう。

学習のポイント

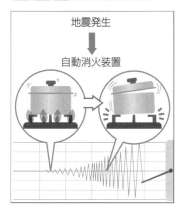

地震発生
↓
自動消火装置

機器の故障
↓
片方のエンジンでも
飛行が可能

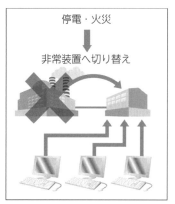

停電・火災
↓
非常装置へ切り替え

▲障害対策の考え方

キーワード

▶障害対策
- ☐ フォールトトレラント
- ☐ フェールセーフ
- ☐ フールプルーフ
- ☐ フォールトアボイダンス
- ☐ フェールソフト

▶障害対策技術
- ☐ NAS
- ☐ RAID
- ☐ ストライピング
- ☐ ミラーリング

---

(1)障害対策

障害には機器の故障や災害，人間の操作ミスなどの原因が考えられる。こうしたさまざまなケースを想定して，次のような考え方の対策がとられている。

・**フォールトトレラント**………　システムに障害が発生したときに正常な動作を保ち続ける能力のことを**フォールトトレラント**という。また，障害が発生してシステムが停止したときのことを考えて，事前に予備のシステムを準備しておき，発生時に切り替えて対応するシステムのことを**フォールトトレラントシステム**という。RAIDなどの磁気ディスク装置を多重化する技術も含まれる。

▲フォールトトレラントの例

・**フォールトアボイダンス**………　信頼性の高い部品の採用や利用者の教育など，コンピュータシステムに可能な限り故障や障害が起きないようにすることを**フォールトアボイダンス**という。

▲フェールセーフの例

・**フェールセーフ**………　障害が発生したときに，被害を最小限に止め，安全性を最優先にする設計や考え方を**フェールセーフ**という。停電の際に遮断桿が下りたままになる遮断機や，倒れると自動で消火する石油ストーブなどの事例が挙げられる。

- **フェールソフト**……… 障害が発生したときに，システム全体を停止するのではなく，一部の機能を落としても処理を継続しようとする設計のことを**フェールソフト**という。エンジンの一つが故障しても，残りのエンジンのみで飛行できる航空機などの事例がある。
- **フールプルーフ**……… 人にはミスがつきものという視点にたち，誤った操作をしても誤動作しないような安全対策を準備しておく設計のことを**フールプルーフ**という。ふたを閉めないと動作しない電子レンジ，誤動作を起こす可能性のあるデータ入力を規制するシステムなどがある。

▲フールプルーフの例

障害対策の考え方を整理すると次のようになる。

フォールトトレラント	壊れても大丈夫なように対策を準備する。
フォールトアボイダンス	可能な限り故障や障害が起きないようにする。
フェールセーフ	障害が発生したら安全性を優先する。
フェールソフト	障害が発生したら継続性を優先する。
フールプルーフ	意図しない使用でも故障しないようにする。

⑵障害対策技術

障害対策技術には次のようなものがある。

- **NAS（Network Attached Storage）**……… ネットワークに直接接続して使用するファイルサーバ専用機のことをNASという。実体は磁気ディスク装置で，NASを設置することにより1対多の接続が可能となり，複数のコンピュータから同時にアクセスすることが可能となる。内部にはCPUやOSなどを搭載しており，コンピュータに近くなっているのが特徴である。単にデータを保存するだけでなく，保存したデータを管理・活用するためのさまざまな機能が搭載されている。

- **RAID（レイド）（Redundant Arrays of Inexpensive Disks）**……… 複数の磁気ディスク装置を組み合わせることで，高速で信頼性の高いシステムを作ることができる技術。高速化や信頼性の目的によってRAID0からRAID6までの7種類の形態に分かれている。
- **ストライピング**……… RAID 0のことで，複数のHDDにデータを分散して書き込む。
- **ミラーリング**……… RAID 1のことで，2台のHDDに同じデータを書き込む。

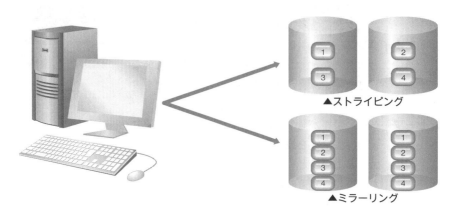

▲ストライピング

▲ミラーリング

(1)　次のA群の語句に最も関係の深い説明文をB群から選び，記号で答えなさい。

〈A群〉

1.　フォールトトレラント　　2.　フェールセーフ　　3.　フェールソフト

4.　フールプルーフ　　5.　NAS　　6.　RAID

〈B群〉

ア．障害が発生してシステムが停止したときのことを考えて，事前に予備のシステムを準備しておく設計の考え方。

イ．信頼性や処理速度を向上させるために，複数台の磁気ディスク装置を組み合わせて一体化し，全体を一つのディスク装置のように扱うしくみ。

ウ．障害が発生したときに，機能の一部を停止しても処理を継続しようとする設計のこと。

エ．人にはミスがつきものという視点にたち，誤った操作をしても誤動作しないような安全対策を準備しておく設計のこと。

オ．LANに直接接続して，複数のPCから共有できるファイルサーバ専用機。

カ．障害が発生したときに，被害を最小限に止めようとする設計のこと。

1		2		3		4		5		6	

(2)　次の説明文に最も適した答えを解答群から選び，記号で答えなさい。

1.　システムが故障した際，すべてを赤信号にする信号機。

2.　オートマチックの自動車のブレーキを踏まないと，エンジンがかからないシステム。

3.　エンジンの一部が停止しても，飛行ができるように設計されたジェット機の運行システム。

4.　利用者が誤った操作をしても，システムに異常が起こらないようにする。

5.　作業範囲に人間が入ったことを検知するセンサが故障したとシステムが判断した場合，ロボットアームを強制的に停止させる。

┌─解答群─────────────────────────────
│　ア．フェールセーフ　　　　　イ．フールプルーフ　　　　ウ．フェールソフト
└───────────────────────────────────

1		2		3		4		5	

(3)　次の説明に該当する語を記述しなさい。

1.　人間の操作ミスがコンピュータシステム全体に影響しないようにするための設計の考え方。

2.　エラーが起こっても被害の拡大を防ぐため，事前に対策をたてておく考え方。

3.　システムの一部がダウンしても全体として作業が続行できる状態にする設計の考え方。

4.　並列に接続された磁気ディスク装置により，アクセス処理の速度や信頼性の向上を実現する技術。

5.　RAID1のことで，2台のHDDに同じデータを書き込む方法。

6.　信頼性の高い部品の採用など，コンピュータシステムに可能な限り故障や障害が起きないようにすること。

1		2		3	
4		5		6	

4 コンピュータの記憶容量

2・3級の分野では，コンピュータを構成する内部装置や外部装置，磁気ディスク装置などの補助記憶装置について学習してきた。ここでは，コンピュータの記憶容量について学習してみよう。

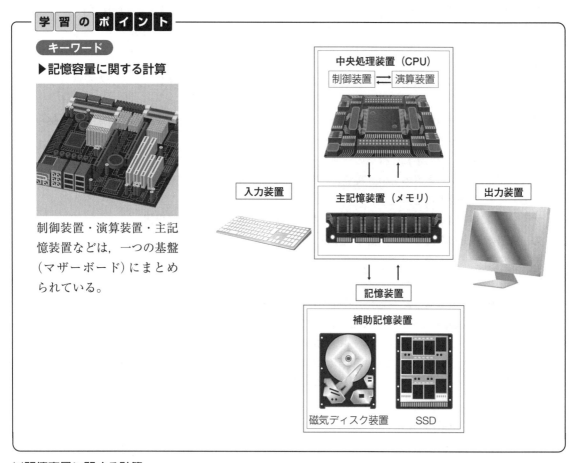

学習のポイント

キーワード

▶記憶容量に関する計算

制御装置・演算装置・主記憶装置などは，一つの基盤（マザーボード）にまとめられている。

中央処理装置（CPU）
制御装置 ⇄ 演算装置

入力装置

主記憶装置（メモリ）

出力装置

記憶装置

補助記憶装置

磁気ディスク装置　　SSD

⑴記憶容量に関する計算

色情報を含む画像の情報量は次の手順で求める。

①画像の横・縦の大きさから総ドット数を求める。

②1ドットあたりの色情報に必要なビット数を乗じて総ビット数を求める。

③求めた値はビットからバイト（B）へ単位を換算する。

（解像度はビットで表記されるが，情報量はバイト（B）で表す）

【例題】ある高校では，在学中に発行した学校新聞をCD-Rに記録して卒業時に配布している。学校新聞は8ページで構成され，毎年4回発行される。1ページあたりの容量がすべて15MBである場合，3年分を1枚のCD-Rに収めるために必要十分な圧縮率を答えなさい。なお，CD-Rの記憶容量は，700MBとする。

$$\quad\text{ア．} 30\% \qquad\qquad \text{イ．} 40\% \qquad\qquad \text{ウ．} 50\%$$

〈解答例〉

圧縮前の記憶容量 ＝ 8（ページ）× 4（回）× 3（年）× 15（MB）＝ 1440（MB）

1枚のCD-Rに収めるために必要な圧縮率 ＝ 700 ÷ 1440 × 100 ＝ 48.61…（％）

必要十分な圧縮率は，48.61…（％）より割合の少ないもののうち最大のものを選べばよい。

答え： イ

【例題】128MBのフラッシュメモリに，400字詰め原稿用紙に書かれた日本語の文章を記録するとき，およそ何枚分記録できるか。なお，日本語1文字は2Bのデータ量とし，$1MB = 10^6B$とする。

      ア．80,000枚   イ．160,000枚   ウ．320,000枚

〈解答例〉

フラッシュメモリの記憶容量をBに換算すると，$128 \times 10^6 = 128,000,000$（B）

400字詰め原稿用紙1枚あたりのデータ容量は，2（B）$\times 400 = 800$（B）

記録できる枚数は，$128,000,000 \div 800 = 160,000$（枚）

答え：　イ

【例題】ディジタルカメラで，解像度1,000×800ドット，1ドットあたり24ビットの色情報で100枚撮影する場合，最低限必要な記憶容量を求めなさい。なお，すべて同じ条件で撮影し，データは撮影時にカメラが自動的に2分の1に圧縮するものとする。

      ア．128MB   イ．256MB   ウ．512MB

〈解答例〉

1枚の画像容量 ＝ 横方向ドット数 × 縦方向ドット数 × 1ドットあたりのビット数 ÷ 8（ビット）

              ＝ $1,000 \times 800 \times 24 \div 8$（ビット）

              ＝ $2,400,000$（B）

              ＝ 2.4（MB）

100枚では，$2.4 \times 100 = 240$（MB）

これをディジタルカメラが2分の1に圧縮するので，$240 \div 2 = 120$（MB）

最低限必要な記憶容量は，120MBより多いもののうち最小のものを選べばよい。   答え：　ア

【例題】256MBの記憶容量をもつフラッシュメモリに，解像度200dpiのイメージスキャナでフルカラー（24ビットカラー）で取り込んだ縦10cm，横12.5cmの写真を最大何枚保存することができるか。なお，写真の取り込みはすべて同じ条件で行い，データを圧縮しないものとする。また，1インチは2.5cm，$1MB = 10^6B$とする。

      ア．13枚   イ．17枚   ウ．106枚

〈解答例〉

イメージスキャナの解像度はdpiで示されているため，取り込む画像の横・縦の大きさの単位（cm）をインチに変換する。

横：12.5（cm）$\div 2.5 = 5$（インチ）

縦：10（cm）$\div 2.5 = 4$（インチ）

1枚の画像容量 ＝ （解像度 × 横）×（解像度 × 縦）× 1画素あたりのビット数 ÷ 8（ビット）

              ＝ $(200 \times 5) \times (200 \times 4) \times 24 \div 8$（ビット）

              ＝ $1,000 \times 800 \times 3$

              ＝ $2,400,000$（B）

              ＝ 2.4（MB）

256MBのフラッシュメモリに保存できる枚数 ＝ $256 \div 2.4 = 106.6\cdots$（枚）

保存できる最大の枚数は，$106.6\cdots$（枚）より少ないもののうち最大のものを選べばよい。

答え：　ウ

(1) 次の計算をしなさい。ただし，1インチ＝2.5cm，1MB＝10^6B とする。

1. 1GBのフラッシュメモリを持つディジタルカメラで，解像度1,000×800ドットのフルカラー（24ビット）で同じ条件の風景を撮影した場合，約何枚の撮影が可能か。ただし，圧縮率は4分の1とする。

      ア． 52枚   **イ．** 208枚   **ウ．** 1,600枚

2. 1ページ平均3MB，28ページで構成される会社案内の原稿を作成した。印刷会社へメールで送る際，メールの添付容量の上限が20MBであった。この場合，最適な圧縮率は何％か。

      ア． 20%   **イ．** 25%   **ウ．** 30%

3. イメージスキャナの解像度を300dpiに設定して，横15cm，縦10cmの写真を，フルカラー（24ビット）で取り込んだときの記憶容量は約何MBか。ただし，画像は圧縮しないものとする。

      ア． 2.1M   **イ．** 6.5MB   **ウ．** 7.2MB

4. 解像度 600dpi のイメージスキャナで画像を読み込み，解像度 300dpi のプリンタで印刷すると，印刷される画像の面積は元の画像の何倍になるか。

      ア． 2   **イ．** 4   **ウ．** 8

5. 解像度400×800ドット，1ドットあたり24ビットの色情報を使用する画像データがある。メールに添付するため，これを200×400ドット，1ドットあたり8ビットの画像データに変換した。必要な記憶容量は何倍になるか。

      ア． 1／36   **イ．** 1／24   **ウ．** 1／12

6. 約4.7GBの記憶容量を持つDVD－Rに，1ページあたり日本語2,000文字の資料を保存したい。約何ページ分保存できるか。ただし，日本語1文字は2バイトで表現されており，文字情報だけを記録するものとする。また，1GB＝1,000,000,000Bとする。

      ア． 1,175,000ページ   **イ．** 11,750,000ページ   **ウ．** 117,500,000ページ

7. 縦30cm×横20cmのポスターを，イメージスキャナを使用して，解像度200dpi，24ビットのフルカラーで取り込みPDFに変換した。その際，圧縮率は低圧縮（4分の1）とした。変換されたファイルの容量を求めなさい。

      ア． 約1MB   **イ．** 約3MB   **ウ．** 約12MB

1		2		3		4		5		6		7	

Lesson 2 通信ネットワーク

1 ネットワークの構成

　通信回線やケーブルなどを通してコンピュータを接続することにより，データのやり取りや資源の共有が可能となる。ここでは，ネットワークに接続される各種の機器や，通信手順の規則，ネットワークに接続された機器の識別方法について学習してみよう。

学習の ポ イ ン ト

キーワード

▶ OSI 参照モデル
▶ ネットワークの接続機器
　□ ハブ
　□ ルータ
　□ パケットフィルタリング機能
　□ ゲートウェイ
▶ ネットワーク接続機器の識別
　□ MAC アドレス
　□ IP アドレス　IPv4　IPv6
　□ ネットワークアドレス
　□ ホストアドレス
　□ ブロードキャストアドレス
　□ サブネットマスク
　□ CIDR
　□ プライベート IP アドレス
　□ グローバル IP アドレス
　□ NAT
　□ ポート番号
　□ VPN
　□ DNS
　□ DMZ
▶ プロトコル
　□ TCP/IP
　□ HTTP
　□ FTP
　□ POP
　□ IMAP
　□ SMTP
　□ DHCP
▶ 通信速度（bps）に関する計算

〈ネットワークの構成〉

インターネットで使用するプロトコル
□ TCP/IP　□ POP
□ HTTP　□ SMTP
□ FTP　□ IMAP

インターネットで使用するアドレス
□ IP アドレス
□ グローバル IP アドレス
□ プライベート IP アドレス

インターネット　　ファイアウォール

□ ルータ

社内 DNS　社内メール　社内 Web
サーバ　　サーバ　　サーバ

□ ゲート
　ウェイ

□ ハブ

□ サブネットマスク

□ ネットワークアドレス
192.168.0.XXX

□ ネットワークアドレス
192.168.1.XXX

LAN

LAN

□ ホストアドレス
192.168.0.101　～　192.168.0.103

□ ホストアドレス
192.168.1.111～192.168.1.112

⑴OSI参照モデル

　ネットワーク上でさまざまなメーカーの機器を接続するには，通信ケーブルやコネクタの形状から，通信の信号の種類，データのやり取りの手順（プロトコル）など，共通の取り決めが必要である。国際標準化機構（ISO）では，ネットワークで使用する機器，データを送受信する手順，通信に必要な機能などを七つの階層に分けて定義している。

階層	機能の内容	通信手順の規則・機器
第7層 アプリケーション層	メールやWebなどのアプリケーション間でデータを送受信する手順	HTTP　FTP　POP　IMAP SMTP　DHCP　DNS
第6層 プレゼンテーション層	文字コードや画像データの送受信に関する手順	HTTP
第5層 セッション層	通信開始から終了までの手順	HTTP
第4層 トランスポート層	データ転送や通信状態の管理の手順	TCP
第3層 ネットワーク層	ネットワーク間でパケット転送する経路の選択やパケットの中継の手順	IP　IPアドレス ルータ
第2層 データリンク層	同じネットワーク内での通信の手順	MACアドレス ブリッジ　ハブ
第1層 物理層	通信ケーブルの種類 信号の形態	LANケーブル　ハブ 接続機器の形状

⑵ネットワークの接続機器

　コンピュータをネットワークに接続するためには，コンピュータ本体に装着したNIC（Network Interface Card：ネットワークインタフェースカード）と通信ケーブルを介して，ハブやルータ，ゲートウェイなどのLAN間接続装置に接続する必要がある。

▲NIC

・**ハブ（hub）**………　LANケーブルの中継や分岐に用いられる集線装置のことを**ハブ**という。宛先を判断せずにすべての相手にデータを転送する**リピータハブ**や，宛先を判断して効率よく必要な相手だけにデータを転送する**スイッチングハブ**がある。ハブの接続口が不足したときは，ハブどうしを接続することもできる。

　　　　（OSI参照モデルの第1層「物理層」に該当）

▲ハブ

・**ルータ（router）**………　異なるネットワークどうしを接続するときに用いられる装置を**ルータ**という。複数のネットワークの境界に設置され，IPアドレスを用いて，パケットが正しい相手に送られるよう最適な経路を選択する**ルーティング**機能や，不正なパケットの中継を許可せずにパケットを破棄する，**パケットフィルタリング**機能を持っている。

　　　　（OSI参照モデルの第3層「ネットワーク層」に該当）

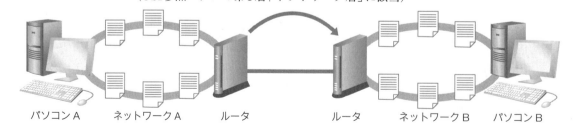

| パソコンA | ネットワークA | ルータ | ルータ | ネットワークB | パソコンB |

・**ゲートウェイ (gateway)**……… 　異なるプロトコルを使用するネットワークどうしを中継する装置またはソフトウェアのことを**ゲートウェイ**という。スマートフォンなどの携帯メールとインターネットの電子メールのやり取りは，ゲートウェイがプロトコルを変換して送受信している。

（OSI参照モデルの第4層「トランスポート層」から上の階層に該当）

ゲートウェイ

⑶ネットワーク接続機器の識別

　ネットワークに接続されているコンピュータや各種の機器には，識別のための番号（アドレス）が割り当てられている。アドレスには次のような種類がある。

①MACアドレス（Media Access Control address）

　NICのそれぞれに，48ビットの製造番号が付けられている。これを**MACアドレス**といい，NIC間でデータをやり取りするときに利用される。IEEEが管理していて世界中で同じ番号が重なることはない。

②IPアドレス（Internet Protocol Address）

　TCP/IPのネットワークに接続しているコンピュータやプリンタなどの機器は，**IPアドレス**という番号で管理されている。IPアドレスは32ビット（IPv4），または128ビット（IPv6）の数値で次のように表される。

【IPv4（32ビット）の例】

11000000	10101000	00000001	00000001
192	168	1	1

このコンピュータのIPアドレスは，192. 168. 1. 1と表記する。

　IPアドレスは，コンピュータが属するネットワークの**ネットワークアドレス**と，コンピュータに割り当てられた**ホストアドレス**の2つの部分で構成されている。IPアドレスは，ネットワークアドレスとホストアドレスの長さの比率によって，図のようなクラスに分けられている。それぞれのクラスでは，アドレスの長さに応じて，割り当てられるネットワーク数やコンピュータ数が異なる。

		ネットワークアドレス	ホストアドレス
クラスA	IPアドレス	0XXXXXXX XXXXXXXX	XXXXXXXX XXXXXXXX
		126 ネットワーク	16,777,214 台のパソコン
クラスB	IPアドレス	10XXXXXX XXXXXXXX	XXXXXXXX XXXXXXXX
		16,382 ネットワーク	65,534 台のパソコン
クラスC	IPアドレス	110XXXXX XXXXXXXX XXXXXXXX	XXXXXXXX
		2,097,150 ネットワーク	254 台のパソコン

- **ネットワークアドレス**……… 社内の部署別などの同一ネットワークごとに付けられた番号のこと。
- **ホストアドレス**……… 各ネットワーク内のコンピュータやプリンタなどの機器に割り振られた番号のこと。全ビットが0か1のパターンは，特殊な機能に予約されており使用できない。

同じネットワークアドレスを使用する

192.168.1.1　192.168.1.2

192.168.2.2　192.168.2.1

ネットワークA
192.168.1.0

ネットワークB
192.168.2.0

- **ブロードキャストアドレス**……… ホストアドレスの全ビットがすべて「1」のアドレス。あるネットワークに接続されているすべてのコンピュータにパケットを送信するためのアドレスとして使用される。また，ホストアドレスの全ビットがすべて「0」のアドレスは，ネットワークアドレスで使用されている。
- **サブネットマスク**……… IPアドレスを，サブネットを識別するネットワークアドレスと，コンピュータを識別するホストアドレスに分割するための数値のこと。IPアドレスとサブネットマスクの組み合わせにより，ネットワークをグループ化することができる。

ネットワーク			ホスト
2 5 5	2 5 5	2 5 5	0	(クラスC)

参考 サブネットマスクの例

　ある企業における3台のコンピュータを，「255. 255. 255. 0」のサブネットマスクを使って，ネットワークごとに分割する場合を考えてみよう。各コンピュータのIPアドレスは次のとおりである。

| コンピュータA（営業部）……192. 168. 1. 5 |
| コンピュータB（営業部）……192. 168. 1. 10 |
| コンピュータC（人事部）……192. 168. 3. 15 |

①それぞれのIPアドレスを8ビットごとの2進数に基数変換する。

コンピュータA　：192. 168. 1. 5　→ 11000000. 10101000. 00000001. 00000101
コンピュータB　：192. 168. 1. 10 → 11000000. 10101000. 00000001. 00001010
コンピュータC　：192. 168. 3. 15 → 11000000. 10101000. 00000011. 00001111

②サブネットマスクを2進数に変換する。

　サブネットマスク　　：255. 255. 255. 0 → 11111111. 11111111. 11111111. 00000000

③各IPアドレスとサブネットマスクをAND演算する。AND演算とは，2つの数値がともに1のときのみ1で，それ以外はすべて0となる論理演算で，論理積ともいう。

```
コンピュータA          11000000. 10101000, 00000001. 00000101
サブネットマスク  AND   11111111. 11111111. 11111111. 00000000
                      11000000. 10101000. 00000001. 00000000

コンピュータB          11000000. 10101000. 00000001. 00001010
サブネットマスク  AND   11111111. 11111111. 11111111. 00000000
                      11000000. 10101000. 00000001. 00000000

コンピュータC          11000000. 10101000. 00000011. 00001111
サブネットマスク  AND   11111111. 11111111. 11111111. 00000000
                      11000000. 10101000. 00000011. 00000000
```

④演算の結果，コンピュータAとBは同じビット列を示していることから，同じネットワークアドレスであることがわかる。したがって，コンピュータAとBが同じグループに所属し，コンピュータCが異なるグループに所属している。

このように，サブネットマスクによってビットのパターンを取り出すことをマスキングといい，マスキングによって，本来のネットワークアドレスはそのままに，ホストを表すビットパターンをネットワークに置き換えることができる。

住所「○○県△△市◇◇町1−1」を3つのネットワークに分けてみると…

255 . 255 . 255 . 0（クラスC）
○○県△△市◇◇町 1−1　→　◇◇町が1つのネットワークに

255 . 255 . 0 . 0（クラスB）
○○県△△市 ◇◇町1−1　→　△△市が1つのネットワークに

255 . 0 . 0 . 0（クラスA）
○○県 △△市◇◇町1−1　→　○○県が1つのネットワークに

・CIDR（サイダー）………　IPアドレスの無駄をなくし効率的に利用するため，クラスを使わないIPアドレスの割り当て（クラスレスアドレッシング）と，経路選択（ルーティング）を柔軟に運用するしくみをCIDRという。IPアドレスのネットワーク部とホスト部の桁数を1ビット単位で自由に決めることができる。従来，IPアドレスとサブネットマスクの2つに分けて表記していた情報を，「/」の後にネットワーク部とホスト部の区切りの桁数を書くことで，1つに合わせて表記する。

IPアドレス	192.168.0.1
サブネットマスク	255.255.255.0

↓

CIDR	192.168.0.1/24

③プライベートIPアドレス（private IP address）

LANなどの限られたネットワーク内でのみ利用できる，独自に割り当てることができるアドレスをプライベートIPアドレスという。

④グローバルIPアドレス（global IP address）

インターネットで使用される，世界中で重複しない固有のアドレスをグローバルIPアドレスという。重複しないよう，世界規模で管理されている。

⑤NAT（Network Address Translation）

グローバルIPアドレスとプライベートIPアドレスとを1対1で結び付けて，相互にアドレスを交換するしくみのことをNATという。なお，NATの機能はルータに搭載されている。厳密には，インターネットに接続できるのはグローバルIPアドレスの個数分だけになる。

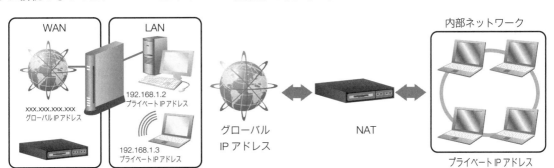

⑥ポート番号(port number)

コンピュータは，IPアドレスにより識別されるが，同一のコンピュータ上では，HTTPを使ったブラウザや，SMTP，POPなどのメールクライアントなどのプロトコルがサービスとして複数稼働している。これらのサービスを識別するための番号を**ポート番号**という。0~65535までの番号がある。

⑦VPN(Virtual Private Network)

インターネットを利用して，専用回線に近いセキュリティを確保する通信環境を仮想的に実現する技術を**VPN**という。認証システムや暗号技術でデータを保護するので，安心して利用することができる。テレワークで社内LANなどを利用するときにはVPN接続が必要となる。

⑧DNS(Domain Name System)

IPアドレスはネットワークの住所を数値で表しているため人間にはわかりにくい。そのため，国名や会社名などを用いてわかりやすい名前で表現したドメイン名が利用される。

クライアントから問い合わせのあったドメイン名をIPアドレスに変換するしくみを**DNS**といい，その役割を持つサーバを**DNSサーバ**という。

ドメイン名
www.jikkyo.co.jp

DNSサーバ

IPアドレス
210.251.241.236

⑨DMZ(DeMilitarized Zone)

「非武装地帯」とも呼ばれ，ファイアウォールによって，外部のインターネットや内部のネットワークから隔離された中間に位置する区画を**DMZ**という。DMZの特徴は，内部のネットワークと外部ネットワークからDMZに接続することはできるが，DMZから内部ネットワークに接続することができないことである。これにより，外部の不正なアクセスから内部のネットワークを保護することを可能にしている。

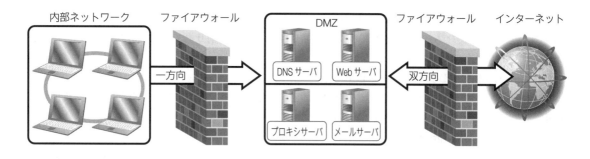

内部ネットワーク　ファイアウォール　DMZ　ファイアウォール　インターネット

一方向　DNSサーバ　Webサーバ　双方向

プロキシサーバ　メールサーバ

⑷**プロトコル(protocol)**

ネットワーク上でコンピュータが通信する場合，やり取りするデータの形式や手順が決められている。このような通信手順の規則を**プロトコル**(通信規約)という。プロトコルには次のような種類がある。

・**TCP／IP(Transmission Control Protocol／Internet Protocol)**……　インターネットを利用するときの標準的なプロトコルをTCP／IPという。コンピュータの所在地を特定する手順のIP(OSI参照モデルの第3層「ネットワーク層」)と，相手にデータを転送する手順のTCP(OSI参照モデルの第4層「トランスポート層」)を組み合わせたプロトコルで，広く採用されている。

- HTTP（HyperText Transfer Protocol）………　Webページの送受信に利用するプロトコルをHTTPといい，HTMLで記述された文書を受信するときなどに用いられる。WebページのURLに，「http://」と表示されていると，HTTPを利用してWebページを見ていることを示している。また，盗聴を防止するために，HTTPにデータの暗号化機能を付けたプロトコルをHTTPS（HypertText Transfer Protocol Secure）という。HTTPの送受信では第三者にデータを見られてしまい，パスワードなどが盗まれる危険がある。WebページのURLに，「https://」と表示されていると，HTTPSを利用してWebページを見ていることを示している。

  【HTTPの例】http://www.△△△.co.jp

  【HTTPSの例】https://www.○△□.co.jp

- FTP（File Transfer Protocol）………　TCP/IPで接続されたコンピュータどうしが，ネットワーク上でファイルを転送するためのプロトコルをFTPという。データのダウンロードやアップロードの手順を示している。

- POP（Post Office Protocol）………　メールボックスに届いた自分宛てのメールをダウンロードする際に用いられるプロトコルをPOPという。電子メールの受信を担当する。

- IMAP（Internet Message Access Protocol）………　メールをサーバ上で管理し，メールソフトに表示させる受信方式のプロトコルをIMAPという。メールをパソコンなどにダウンロードして利用するPOPに対して，外出先でも別の端末を利用してメールを確認できる利点がある。

- SMTP（Simple Mail Transfer Protocol）………　電子メールをメールサーバへ送信する場合や，メールサーバどうしがメールを転送する場合に用いられるプロトコルをSMTPという。電子メールの配送を担当する。

- DHCP（Dynamic Host Configuration Protocol）………　ネットワークに接続したコンピュータに，自動的にIPアドレスを割り振るプロトコルをDHCPという。ネットワークを利用するためにはIPアドレスが必要になる。通常はコンピュータ1台ごとにIPアドレスを設定するが，DHCPを利用すると接続の時点で自動的に割り振られる。

⑸通信速度（bps）に関する計算

ここでは，ネットワークを利用してデータを通信するときにかかる時間の計算方法についてみてみよう。

①通信速度（bps）

一定時間内に転送できるデータ量を**通信速度**という。ディジタルデータのやり取りを行うときに，1秒間に何ビットのデータを送れるかを表し，単位には**bps**（bits per second）が用いられる。通信速度が速い場合には，Kbps，Mbps，Gbpsなどの単位も用いられる。例えば，1,000bpsは1Kbps である。

②伝送効率

ネットワーク上では，多くのコンピュータが常に通信しているため，混雑すると通信速度が遅くなることがある。実際の通信速度が本来の通信速度に比べて，どのくらいの割合かを示したものを**伝送効率**という。伝送効率を考慮した実際の通信速度は次の計算式で表される。

実際の通信速度 ＝ 通信速度 × 伝送効率

【例題】通信速度が200Kbpsの通信回線がある。伝送効率が80％のとき，実際の通信速度は何Kbpsとなるか。

〈解答例〉

実際の通信速度 ＝ 通信速度 × 伝送効率

＝ 200（Kbps）× 0.8 ＝ 160（Kbps）

③通信時間の計算

通信時間（データ転送時間）は，データ量と通信速度によって，次の式で求めることができる。

通信時間 ＝ データ量 ÷ 通信速度

通常，伝送するデータの量は，バイト（B）で表されるが，通信速度はビット（b）で計算される。計算するときは，バイトとビットの単位を，計算しやすいように変換する必要がある。

【例題】通信速度4Mbpsの回線を用いて，12MBのデータを伝送するのに必要な時間を求めなさい。ただし，伝送効率は60％とし，その他の外部要因は考えないものとする。

〈解答例〉

伝送するデータ量は，$12MB \times 8b = 12,000,000B \times 8b = 96,000,000b$

実際の通信速度は，$4Mbps \times 0.6 = 2.4Mbps = 2,400,000bps$

$$通信時間 = データ量 \div 通信速度$$
$$= 96,000,000b \div 2,400,000bps = 40秒$$

筆記練習 5

(1) 次のA群の語句に最も関係の深い説明文をB群から選び，記号で答えなさい。

〈A群〉

1. ハブ　　2. ルータ　　3. ゲートウェイ　　4. パケットフィルタリング　　5. OSI参照モデル

〈B群〉

ア．プロトコルの異なるネットワークを接続する機器。

イ．異なるネットワークのコンピュータ間で，特定のデータについて，通信許可・不許可などの設定を行うことで，セキュリティ制御を行う機能。

ウ．国際標準化機構（ISO）によって策定された，コンピュータの持つべき通信機能を階層構造に分割したモデル。

エ．コンピュータを接続してネットワークを構築するための集線装置。

オ．IPアドレスによってパケットの伝送経路を選択し，相手に送り届ける機能を持つ機器。

1		2		3		4		5	

(2) 次の説明文に最も適した答えを解答群から選び，記号で答えなさい。

1. インターネットを利用するときに割り当てられる世界中で重複しない固有のアドレス。
2. IPアドレスを，サブネットを識別するネットワークアドレスと，コンピュータを識別するホストアドレスに分割するための数値のこと。
3. 32ビット（IPv4），または128ビット（IPv6）の数値で，コンピュータなどを識別する番号。
4. LANなどの限られたネットワーク内でのみ自由に割り当てることができるアドレス。
5. ネットワークに接続されている機器に製造時に割り当てられた識別番号で，世界で唯一の番号。
6. 各ネットワーク内の機器に割り振られた，ホスト自身を表すアドレス。
7. グローバルIPアドレスとプライベートIPアドレスとを1対1で結びつけて，相互にアドレスの変換をするしくみ。
8. 同一ネットワークごとに付けられた，ネットワークそのものを表すアドレス。
9. TCP/IPプロトコルを用いたネットワーク上で，IPアドレスに設けられている補助アドレスであり，アプリケーションの識別をするための番号。
10. ドメイン名とIPアドレスを相互に変換するしくみ。

```
┌─ 解答群 ─────────────────────────────────────────────┐
│  ア．NAT            イ．MAC アドレス        ウ．ホストアドレス      │
│  エ．IP アドレス      オ．グローバル IP アドレス   カ．ネットワークアドレス  │
│  キ．サブネットマスク  ク．プライベート IP アドレス  ケ．ポート番号       │
│  コ．DNS                                                │
└─────────────────────────────────────────────────────┘
```

1		2		3		4		5	
6		7		8		9		10	

(3) 次の説明文に最も適した答えを解答群から選び，記号で答えなさい。

1. ネットワークを介してファイルを転送するためのプロトコル。
2. インターネットを利用するときの標準的なプロトコル。相手先の確認とデータ転送手順についての規約。
3. インターネットにおいて，電子メールを宛先のメールボックスに転送するためのプロトコル。
4. コンピュータをネットワークに接続する際にIPアドレスなどを自動的に割り当てるプロトコル。
5. WebサーバとWebブラウザとの間で，HTML文書などのデータを送受信するためのプロトコル。
6. メールサーバのメールボックスから電子メールを受信するために用いるプロトコル。
7. メールサーバで電子メールを管理するプロトコル。

```
┌─ 解答群 ─────────────────────────────────────────────┐
│  ア．POP   イ．IMAP   ウ．HTTP   エ．TCP/IP   オ．SMTP   カ．FTP   キ．DHCP  │
└─────────────────────────────────────────────────────┘
```

1		2		3		4		5		6		7	

(4) 次の計算をしなさい。

1. 通信速度12Mbpsの回線を用いて，24MBのデータを伝送するのに必要な時間は何秒か。ただし，伝送効率は50％とし，その他の外部要因は考えないものとする。

2. 通信速度16Mbpsの回線を用いて，1画素16ビットで表された1,000×800画素の画像10枚を伝送するのに必要な時間は何秒か。ただし，伝送効率は50％とし，画像は圧縮しないものとする。

3. 通信速度100Mbpsの回線を用いて，8MBのデータを伝送したところ，転送時間に1秒を要した。この場合の伝送効率は何％か。

4. 通信速度100Mbpsの回線で，伝送効率を80％とするとき，1秒間に伝送されるデータ量は何MBか。

1		2		3	
4					

(5) 次の説明文に最も適した答えをア，イ，ウの中から選び，記号で答えなさい。

1. LANケーブルの中継や分岐に用いられる集線装置。

    ア．ハブ　　　　　　　　イ．ルータ　　　　　　　　ウ．ゲートウェイ

2. NICなどのネットワークに接続される機器に，製造段階でつけられている固有の番号。

    ア．グローバルIPアドレス　　イ．プライベートIPアドレス　ウ．MACアドレス

3. サブネットマスク「255.255.255.0」を指定した場合に，IPアドレスが「192.168.10.1」のコンピュータと異なるネットワークとなるIPアドレス。

    ア．「192.168.1.1」　　　　イ．「192.168.10.10」　　　　ウ．「192.168.10.240」

4. クライアントから起動情報を受け取ったサーバが，空いているIPアドレスの割り当てを行うしくみ。

    ア．POP　　　　　　　　イ．DHCP　　　　　　　　ウ．TCP/IP

5. ホストアドレスの全ビットがすべて「1」のアドレス。あるネットワークに接続されているすべてのコンピュータにパケットを送信するためのアドレスとして使用される。

    ア．ネットワークアドレス　　イ．CIDR　　　　　　　　ウ．ブロードキャストアドレス

1		2		3		4		5	

(6) 次の説明文に最も適した答えを解答群から選び，記号で答えなさい。

1. 大規模ネットワークをより小さいネットワークに分割して管理するための数値。

2. ホスト名，ドメイン名をIPアドレスに対応させるしくみ。

3. インターネットを利用して，専用回線に近いセキュリティを持つ通信環境を仮想的に実現する技術。

4. 複数のネットワークの境界に設置され，IPアドレスを用いてパケットの最適な経路を選択したり，適切なパケットのみを中継し，許可のないパケットを破棄したりする機能。

5. インターネットにおいて，ファイル転送に用いられるプロトコル。

```
┌─ 解答群 ─────────────────────────────────────────┐
│  ア．パケットフィルタリング    イ．ゲートウェイ      ウ．VPN          │
│  エ．CIDR                  オ．ルータ           カ．DNS          │
│  キ．FTP                   ク．サブネットマスク    ケ．HTTP         │
│  コ．NAT                                                       │
└──────────────────────────────────────────────┘
```

1		2		3		4		5	

(7)　次の説明に該当する語を記述しなさい。

1.　グローバルIPアドレスとプライベートIPアドレスとを1対1で結びつけて，相互にアドレスの変換をするしくみ。

2.　ISOによって策定された，コンピュータの持つべき通信機能を階層構造に分割したモデル。

3.　32ビットの数値で表されるIPアドレスの規格。現在では64ビットの規格へ移行している。

4.　各ネットワーク内のコンピュータやプリンタ機器に割り振られた識別番号。

5.　送られてきたデータを検査してルータを通過させるかどうかを判断する機能。

1		2		3	
4		5			

2　ネットワークの活用

　インターネットの代表的な機能には，電子メールやWWW，FTPなどがあった。ネットワーク技術の進歩により，こうした機能以外にもさまざまな活用方法が開発されている。ここでは，インターネットの活用技術について学習してみよう。

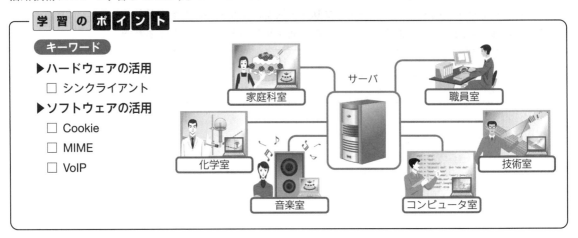

(1)ハードウェアの活用

　・**シンクライアント**(thin client)………　クライアントサーバシステムの中で，サーバへの依存度を高めたシステムを**シンクライアント**という。クライアントには最低限の機能だけ持たせ，サーバでアプリケーションソフトの利用やファイルの管理をすべて行う。クライアントは，従来の操作と同じように業務を行うことができるが，実際にはサーバ上で処理を行っていることになる。集中処理に似ているが，基本的には分散処理の形態になる。集中処理ではセキュリティ確保がしやすく，分散処理では障害に対する機能性が高い。こうした両者のよい特徴を兼ね備えたシステム構成となっている。

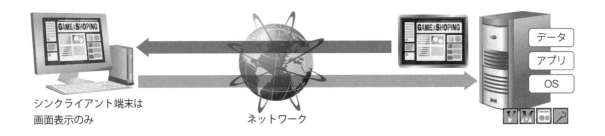

⑵ソフトウェアの活用

・Cookie……………
（クッキー）
　Webページから送信され，ユーザのパソコンに蓄積される，来歴情報を保存したファイルをCookieという。Webサイトが利用者を識別するために割り当てたIDなどの情報をCookieとして利用者側のコンピュータに登録しておくことで，Webページに再度アクセスしたときの表示を，その利用者に合った設定にすることができる。ただし，サーバ側から設定した情報が読み取れるため，個人情報が流出する恐れがあるので，有効期限を過ぎたCookieを自動的に破棄するなど，ユーザ側で各種の設定を行う必要がある。

・MIME（Multipurpose Internet Mail Extensions）………
（マイム）
　ワープロの文書や写真などの文字以外のデータを電子メールで送信する場合は，添付ファイルが利用される。電子メールでは文字データしか送受信することができないため，添付ファイルのデータは半角英数字の文字データに変換して送信される。この変換に利用されるプロトコルをMIMEという。

・VoIP（Voice over IP）………
　音声を圧縮し，インターネット上で送受信する技術をVoIPという。IP電話は，VoIPを用いてインターネット上で構築された電話網である。

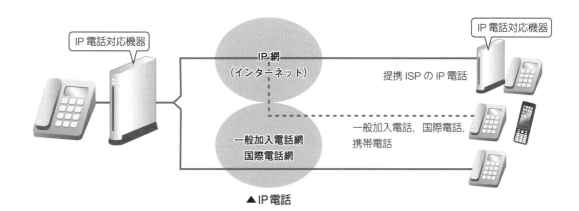

▲IP電話

(1) 次のA群の語句に最も関係の深い説明文をB群から選び，記号で答えなさい。

〈A群〉

  1. シンクライアント　　2. MIME　　3. VoIP　　4. Cookie

〈B群〉

　ア．クライアント側には必要最低限の機能しか持たせず，サーバ側でソフトウェアやデータを管理するシステム。

　イ．Webサイトにアクセスした際は保存された情報を使い，閲覧の利便性を高める目的で利用されるしくみ。

　ウ．音声データをパケット化し，リアルタイムに送受信する技術。

　エ．画像ファイルなどの添付ファイルを電子メールで送るための規格。

1		2		3		4	

(2) 次の説明に該当する語を記述しなさい。

  1. 音声や画像などのマルチメディアデータを電子メールで送受信するために，バイナリデータをASCIIコードに変換する方法や，データの種類を表現する方法などを規定したもの。

  2. 音声データをパケットに変換することで，インターネット回線などを音声通話に利用する技術。

  3. クライアントに必要最小限の処理をさせ，ほとんどの処理をサーバ上に集中させたシステム。

  4. Webページから送信され，ユーザのパソコンに蓄積される，来歴情報を保存したファイルのこと。

1		2		3		4	

Lesson ③ 情報モラルとセキュリティ

　外部とつながれたネットワークには，さまざまな脅威が存在する。インターネットを利用するとき，盗聴・改ざん・なりすましなどによって，個人情報が流出する危険がある。こうしたリスクから大切な情報を守るための方法として，中身を見られてもわからない形に変換する暗号化の技術がある。暗号化の技術を応用して，電子商取引の安全性を高めたり，なりすましを防止したりすることが可能になった。ここでは，おもなセキュリティ管理技術について学習してみよう。

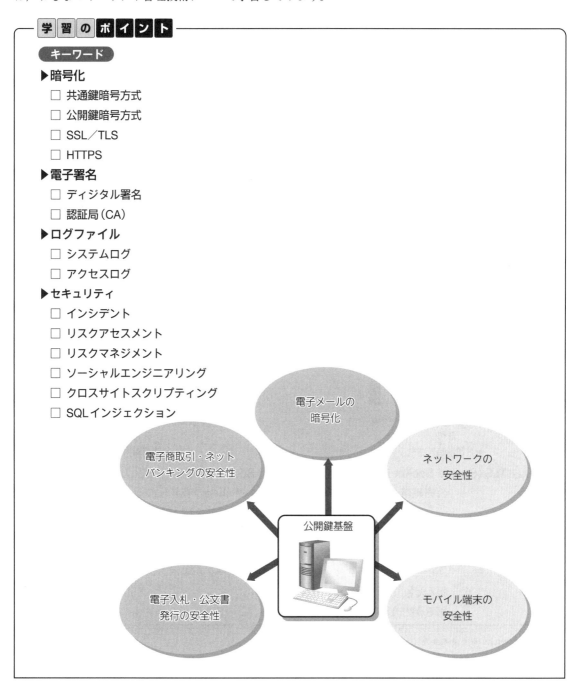

- 学習のポイント
  - キーワード
  - ▶暗号化
    - ☐ 共通鍵暗号方式
    - ☐ 公開鍵暗号方式
    - ☐ SSL／TLS
    - ☐ HTTPS
  - ▶電子署名
    - ☐ ディジタル署名
    - ☐ 認証局 (CA)
  - ▶ログファイル
    - ☐ システムログ
    - ☐ アクセスログ
  - ▶セキュリティ
    - ☐ インシデント
    - ☐ リスクアセスメント
    - ☐ リスクマネジメント
    - ☐ ソーシャルエンジニアリング
    - ☐ クロスサイトスクリプティング
    - ☐ SQLインジェクション

電子メールの暗号化

電子商取引・ネットバンキングの安全性

ネットワークの安全性

公開鍵基盤

電子入札・公文書発行の安全性

モバイル端末の安全性

⑴暗号化

　インターネットなどのネットワークを通じて文書や画像などをやり取りする際に，通信途中で第三者に盗み見られたりしないようにデータを変換することを**暗号化**という。暗号化の方式には，共通鍵暗号方式と公開鍵暗号方式があり，各方式で異なる長所をもつため，利用形態に応じて使い分けがなされている。

- **共通鍵暗号方式**⋯⋯⋯　送り手（暗号化する側）と受け手（復号する側）が同じ鍵を使用する暗号方式を共通鍵暗号方式という。「共通鍵」は第三者に見られると意味がないため，「秘密鍵」とも呼ばれる。送受信する相手の数だけ異なる鍵が必要になる。

- **公開鍵暗号方式**⋯⋯⋯　暗号化と復号に異なる鍵を使用する暗号方式を**公開鍵暗号方式**という。この二つの鍵はそれぞれ「公開鍵」，「秘密鍵」と呼ばれ，対になっており，一方の鍵を使って暗号化されたデータは，対となるもう一方の鍵でしか復号できないという特徴を持っている。受け手は，広く一般に公開鍵を配布し，送り手が公開鍵で暗号化したデータを秘密鍵で復号する。この方式によって，受け手は公開鍵と秘密鍵のセットを一つ持つことで，複数の相手とデータのやり取りができることになる。ただし，公開鍵暗号方式は，暗号化や復号に時間がかかる。

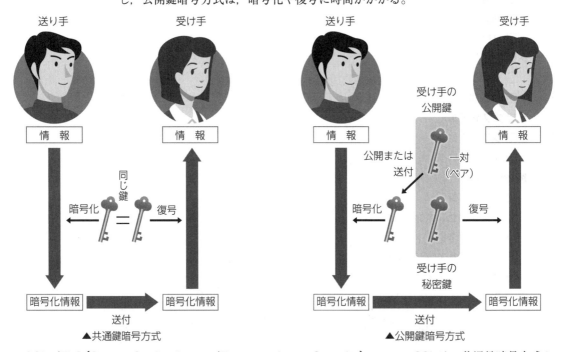

▲共通鍵暗号方式　　　　　　　　　　　　　　　　▲公開鍵暗号方式

- **SSL／TLS（Secure Socket Layer／Transport Layer Security）**⋯⋯⋯　SSLは，共通鍵暗号方式や公開鍵暗号方式などを組み合わせた，Web上の暗号化の通信方式のこと。ブラウザとWebサーバが自動的に通信し，使用可能な暗号方式を選択する。インターネット上で送信するデータが暗号化されるので，プライバシーに関わる情報を第三者に見られずにやり取りすることができる。SSL対応のサーバでは，アドレスが「https://」と表示され，ブラウザに鍵のマークが表示される。Web上から，個人情報（氏名・住所・性別・生年月日）を入力するときには，SSLに対応したサーバであるかどうかを確認する必要がある。このSSLを改良したものが**TLS**である。

https://www.＊＊＊＊＊＊.co.jp/	🔍 ▾ 🔒 🗗 ↻ ✕

▲SSL対応サーバURLの例

- HTTPS（Hyper Text Transfer Protocol Secure）………　HTTPSは，SSLもしくはTLSのデータ暗号機能を，HTMLファイルなどを転送するときに用いるプロトコルのHTTPに付加したもの。サーバ・ブラウザ間の通信を暗号化することで，この経路におけるデータの盗聴や改ざんの危険性をほぼ回避できる。

⑵電子署名

　電子署名とは，日常生活で使われる署名と同じように，コンピュータ上で本人であることを識別し，確認するためのものである。紙文書での印やサインに相当する。また，データの内容が送信後に改ざんされていないことも証明できる。

- ディジタル署名………　電子署名を実現する，公開鍵暗号方式を利用した具体的なしくみをディジタル署名という。送信者は，送信するメッセージをハッシュ関数（データ中の特徴的な数値を抽出する関数）でダイジェスト（ハッシュ関数によって抽出された数値）に変換し，さらに自分の秘密鍵で暗号化して相手に送付する。受信者は，送信者の公開鍵を用いてダイジェストを復号するとともに，受信したメッセージを同じハッシュ関数でダイジェストに変換し，復号したダイジェストと比較する。一致すれば送られてきたメッセージの正当性が証明できる。これによって，なりすましを防止するとともに，改ざんされていないかどうかを確認することができる。

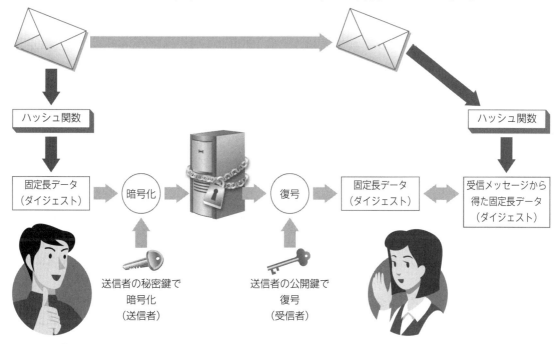

- 認証局（CA：Certificate Authority）………　電子商取引で利用される暗号化通信などで，必要となる電子証明書（ディジタル証明書）を発行する機関を認証局（CA）という。盗聴防止のために重要なデータは暗号化して送信される。その際に正しい送信元であるかを示す証明書も暗号化の技術を利用している。

　相手の提示した証明書が信用できるかどうかは，発行元の認証局を調べ，自分の手元にある証明書に一致する認証局を見つけることで確認できる。

(3)ログファイル

サーバの利用状況やデータ通信の記録，エラーの記録などを残したファイルを**ログファイル**という。送受信した人物や時間，ファイル名などが記録できる。

- **アクセスログ**………　Webサーバにアクセスした人物が，いつ，どのコンピュータから，どのページを閲覧したのかなどを記録したログファイルを**アクセスログ**という。
- **システムログ**………　OSやアプリケーションが正常に動作しているか，問題があるならば何が原因か，といった情報を記録したログファイルを**システムログ**（イベントログ）という。

アクセス日時，IPアドレス利用者の情報を記録したファイル

▲アクセスログ

イベントビューアー（ローカル
▷ 🗂 カスタムビュー
▲ 🖥 Windows ログ
　　📄 アプリケーション
　　📄 セキュリティ
　　📄 Setup
　　📄 システム
　　📄 Forworded Events

システム　　イベント数 56,536		
レベル	日付と時刻	ソース
①情報	2013/01/26 23:29:45	Servic…
①情報	2013/01/26 23:24:45	Servic…
①情報	2013/01/26 23:16:34	Servic…
①情報	2013/01/26 23:16:00	Servic…
①情報	2013/01/26 23:16:00	Servic…

▲システムログ

(4)セキュリティ

- **インシデント**………　コンピュータやネットワークのセキュリティへの脅威（リスク）となる事柄を**インシデント**という。代表的なものに，情報の流出やフィッシング，不正侵入，マルウェア感染，Webサイト改ざん，サービス不能攻撃（DoS攻撃）などがある。
- **リスクアセスメント**………　将来のリスクに備えるために，リスクを特定して，分析し，評価する活動を**リスクアセスメント**という。PDCAサイクルでは，P（Plan）の部分に該当する。
- **リスクマネジメント**………　リスクアセスメントを含み，発生する可能性のあるリスクに対して，その発生をできるだけ少なくし，発生した場合の損害を最小限に抑えるために行う一連の行動を**リスクマネジメント**という。PDCAサイクルの一連のプロセスに該当する。
- **ソーシャルエンジニアリング**………　人間の心理的な隙やミスにつけ込んで，ネットワークに侵入するために必要となるパスワードなどの情報を盗み出す方法を**ソーシャルエンジニアリング**という。電話で上司になりすまし，パスワードを聞き出すなどがある。

・**クロスサイトスクリプティング**………　攻撃者が罠（不正なスクリプトを埋め込んだリンクなど）を仕掛けたWebサイトを訪問したユーザを，脆弱性のあるWebサイトに誘導（サイトをクロス）し，スクリプトを実行して個人情報を盗み出したり，マルウェアに感染させるなどの攻撃方法を**クロスサイトスクリプティング**という。

・**SQLインジェクション**………　Webサービスなどに利用されているデータベースと連携したWebアプリケーションの脆弱性をつき，アプリケーションが想定していない不正なSQL文を注入（injection）することで，データベースに不正な操作を加える攻撃方法を**SQLインジェクション**という。

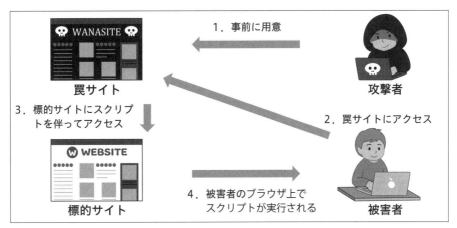

▲クロスサイトスクリプティングの例

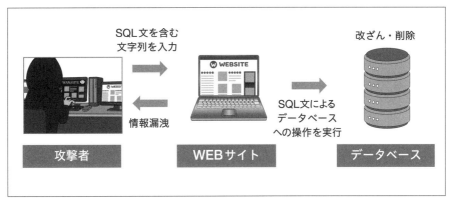

▲SQLインジェクションの例

(1)　次の説明に該当する語を記述しなさい。

1.　利用者側のブラウザと企業側のWebサーバとの間でやり取りされるプロトコルに，情報を暗号化するための技術を付加したもの。

2.　電子メールや電子商取引において，送信されるデータが正しい送信者からのものであり，途中で改ざんされていないことを証明する情報。紙文書における印やサインに相当する。

3.　コンピュータやネットワークシステムへのアクセスに関する情報を記録したもの。

4.　データの暗号化と復号に，異なる鍵を使用する暗号方式。

5.　コンピュータやネットワークのセキュリティへの脅威（リスク）となる事柄。

6.　Webサーバとの間でやり取りされる情報を暗号化する通信方式。

7.　コンピュータの利用状況やプログラムの実行状況，データの送受信状況などを記録したファイル。

8.　電子商取引で利用される暗号化通信などで必要となる，ディジタル証明書を発行する機関。

9.　システムの動作状況やメッセージなどを記録したファイル。

10.　データの暗号化と復号に，同一の鍵を使用する暗号方式。

11.　将来のリスクに備えるために，リスクを特定して，分析し，評価する活動。

12.　人間の心理的な隙やミスにつけ込んで，ネットワークに侵入するために必要となるパスワードなどの情報を盗み出す方法。

1		2		3	
4		5		6	
7		8		9	
10		11		12	

1　次の説明文に最も適した答えを解答群から選び，記号で答えなさい。

1.　グローバルIPアドレスとプライベートIPアドレスを1対1で結びつけて，相互にアドレスを変換する仕組みのこと。

2.　企業などの組織が「情報セキュリティ対策」に取り組む姿勢を社内や顧客などに示すため，情報セキュリティの目標や，その目標を達成するために企業がとるべき行動を文書化したもの。

3.　利用者側のブラウザと企業側のWebサーバとの間でやり取りされるプロトコルに，情報を暗号化するための技術を付加したもの。

4.　LANケーブルの中継や分岐に用いられる集線装置。

5.　RASISの示す指標の1つで，故障しながらも全体として正常に稼働しているかの評価。稼働率の値が高いと良い。

―解答群―

ア．DMZ	イ．SSL		ウ．ゲートウェイ
エ．可用性	オ．HTTPS		カ．ハブ
キ．NAT	ク．CIDR		ケ．信頼性
コ．ルータ	サ．安全性		シ．セキュリティポリシー

1		2		3		4		5	

2　次のA群の語句に最も関係の深い説明文をB群から選び，記号で答えなさい。

〈A群〉　1.　フォールトトレラント　　2.　SMTP　　3.　フールプルーフ
　　　　4.　公開鍵暗号方式　　5.　VoIP

〈B群〉

ア．システムの一部に障害が発生した際に，故障した個所を破棄，切り離すなどして障害の影響が他所に及ぶのを防ぎ，最低限システムの稼働を続けるための技術。

イ．電子メールをメールサーバへ送信する場合や，メールサーバ間でメールを転送する場合に用いられるプロトコル。

ウ．音声を圧縮し，インターネット上に送受信する技術。インターネット上で構築した電話網のIP電話で利用されている。

エ．暗号化する側と復号する側が異なる鍵を使用する暗号化の方式。

オ．データベースの更新中に障害が発生した場合，ジャーナルファイルを用いて更新前の状態に戻し，データの整合性を確保する処理。

カ．企業が経営・活動を行う上で，法令や社会的規範などを守るために，企業倫理に基づく行動規範や行動マニュアルを作成し，社員への倫理教育や，内部通報のしくみを作るなどの活動。

キ．人は必ずミスをするという視点にたち，誤った操作をしても誤動作しないように，安全対策を準備しておく設計のこと。

ク．メールサーバに届いた自分宛てのメールをダウンロードする際に用いられるプロトコル。

ケ．コンピュータシステムを構成する装置や部品に障害が発生した場合においても，システム全体が機能を停止することなく，正常に動作し続けることができるしくみ。

コ．暗号化する側と復号する側が同じ鍵を使用する暗号化の方式。

1		2		3		4		5	

3 次の説明文に最も適した答えをア，イ，ウの中から選び，記号で答えなさい。

1. 利用者が直接コンピュータに指示を与えてから結果が出はじめるまでの時間。

   ア． ターンアラウンドタイム　　**イ．** レスポンスタイム　　　　　**ウ．** スループット

2. 限られたネットワーク内でのみ利用できる，独自に割り当てることができるアドレス。

   ア． グローバルIPアドレス　　**イ．** ブロードキャストアドレス　**ウ．** プライベートIPアドレス

3. ネットワーク環境の整った場所を提供し，顧客のサーバを設置するサービス。

   ア． ホスティングサービス　　**イ．** ハウジングサービス　　　　**ウ．** アウトソーシング

4. 校内のファイルサーバから300MBのデータをダウンロードするのに3秒かかった。通信速度が1Gbpsの回線を用いている場合，この回線の伝送効率を求めなさい。なお，外部要因は考えないものとする。

   ア． 0.6　　　　　　　　　　**イ．** 0.7　　　　　　　　　　　　**ウ．** 0.8

5. あるコンピュータシステムを運用したところ，稼働率は0.995であった。故障時間の合計が18時間であったとき，このシステムの総運用日数を求めなさい。なお，毎日24時間連続運用しているものとする。

   ア． 150日　　　　　　　　　　**イ．** 180日　　　　　　　　　　　**ウ．** 200日

1		2		3		4		5	

全商情報処理検定の1級レベルでもITパスポートの問題を解くことができる。復習のつもりで挑戦してみよう。

1. ソフトウェアの設計品質には設計者のスキルや設計方法，設計ツールなどが関係する。品質に影響を与える事項の関係を整理する場合に用いる，魚の骨の形に似た図形の名称として，適切なものはどれか。　（H26春ストラテジ系4）

　　ア．アローダイアグラム　　イ．特性要因図　　ウ．パレート図　　エ．マトリックス図

2. ABC分析で使用する図として，適切なものはどれか。（H26春ストラテジ系14）

　　ア．管理図　　　　　　　　イ．散布図　　　　ウ．特性要因図　　　　エ．パレート図

3. A社はB社に対してハウジングサービスを提供している。A社とB社の役割分担として適切なものはどれか。（H24秋ストラテジ系23）

	サーバなどの 機器の所有	機器の設置施設 の所有	アプリケーション ソフトウェアの開発	システムの運用
ア	A社	A社	A社	A社
イ	A社	A社	B社	B社
ウ	B社	A社	B社	B社
エ	B社	B社	A社	A社

4. 開発者Aさんは，入力データが意図されたとおりに処理されるかを，プログラムの内部構造を分析し確認している。現在Aさんが行っているテストはどれか。（H26春マネジメント系34）

　　ア．システムテスト　　　　　　　イ．トップダウンテスト
　　ウ．ブラックボックステスト　　　エ．ホワイトボックステスト

5. ソフトウェア開発プロジェクトにおいて，上流工程から順に工程を進めることにする。要件定義，システム設計，詳細設計の工程ごとに完了判定を行い，最後にプログラミングに着手する。このプロジェクトで適用するソフトウェア開発モデルはどれか。（H25秋マネジメント系34）

　　ア．ウォータフォールモデル　　　イ．スパイラルモデル
　　ウ．段階的モデル　　　　　　　　エ．プロトタイピングモデル

答え：1.　イ　　　2.　エ　　　3.　ウ　　　4.　エ　　　5.　ア

計算問題の復習

(1)開発期間に関する計算

1. あるアプリケーションの開発を終了させるのに，Aさん1人だと15日，Bさん1人だと30日かかる場合，これを2人で一緒に作業をすると何日で完成するか。

2. ある大規模システムの保守作業に，Aさん1人だと20日，BさんとCさんだとそれぞれ1人で10日かかる場合，これを3人で一緒に作業をすると何日で終了するか。

1	日	2	日

〈計算スペース〉

(2)稼働率に関する計算

1. あるコンピュータを100日間連続して稼働したが，2日間故障で運用できない日があった。このコンピュータの稼働率を計算しなさい。ただし，毎日24時間運用しているものとする。

2. あるコンピュータシステムを300日間連続で運用した際の稼働率が0.995であった。故障のために運用できなかった日数を求めなさい。ただし，毎日24時間連続運用しているものとする。

3. あるコンピュータシステムを運用したところ，稼働率が0.995であった。故障時間の合計が12時間であったとき，このシステムの総運用日数を求めなさい。なお，毎日24時間運用しているものとする。

4. 稼働率が0.7と0.8の2台のコンピュータを直列に設置した場合の稼働率はいくらか。

5. 装置Aと装置Bが，次の図のように配置されているシステムにおいて，システム全体の稼働率が0.98のとき，装置Bの稼働率はいくらか。ただし，装置Aの稼働率は0.9とする。

1		2		3	
4		5			

〈計算スペース〉

(3)記憶容量に関する計算

1. 横1,000ドット，縦800ドット，1画素24bitで表現する色情報を持つ画像を撮影できるディジタルカメラがある。このカメラで撮影される1画像の記憶容量は何MBか。ただし，データは圧縮しないものとする。

2. 1,200×1,000ドット，1画素24bitの画像を圧縮して保存したところ，元のデータサイズの25％に圧縮できた。圧縮後の容量は何MBか。

1	MB	2	MB

〈計算スペース〉

(4)通信速度に関する計算

1. 通信速度が100Mbpsの回線を用いて，4MBのデータをダウンロードするのに必要な時間は何秒か。なお，この回線の伝送効率や外部要因は考えないものとする。

2. 通信速度が100Mbpsの回線を用いて，1GBのデータを転送するためにかかる時間は何秒か。なお，伝送効率は80％とし，その他の外部要因は考えないものとする。

3. 通信速度が12Mbpsの回線を用いて，12MBのデータを転送するのに必要な時間は何秒か。ただし，伝送効率は50％とし，その他の外部要因は考えないものとする。

4. 通信速度が16Mbpsの回線を用いて，1画素24bitで表された1,000×800画素の画像10枚を転送するのに必要な時間は何秒か。ただし，伝送効率は50％とし，画像は圧縮しないものとする。

5. 通信速度が100Mbpsの回線を用いて，8MBのデータを転送したところ，転送時間に1秒を要した。この回線の伝送効率は何％か。

6. 通信速度が100Mbpsの回線を用いて，2MBのデータをダウンロードするのに0.2秒かかった。この回線の伝送効率は何％か。

1	秒	2	秒	3	秒
4	秒	5	％	6	％

〈計算スペース〉

学習と検定

全商情報処理検定テキスト
1級プログラミング部門

表紙デザイン
エッジ・デザインオフィス

○編　者──実教出版編修部

○発行者──小田　良次

○印刷所──株式会社広済堂ネクスト

○発行所─実教出版株式会社

〒 102-8377
東京都千代田区五番町 5
電話〈営業〉(03) 3238-7777
　　〈編修〉(03) 3238-7332
　　〈総務〉(03) 3238-7700
https://www.jikkyo.co.jp/

002402022

ISBN978-4-407-35501-7

1級（プログラミング部門）の出題範囲

プログラミング部門範囲

（1）関連知識

□16進数の計算

□2進化10進数

□固定小数点形式

□浮動小数点形式

□補数

□クロック周波数

□MIPS

□情報落ち

□桁落ち

□丸め誤差

□論理回路

　□AND　OR　NOT　XOR

　□ベン図（集合・論理演算）

□トップダウンテスト

　□スタブ

□ボトムアップテスト

　□ドライバ

□回帰（リグレッション）テスト

□負荷テスト

□機能テスト

□性能テスト

□シフト演算

　□論理シフト

　□算術シフト

□データ構造

　□キュー

　□スタック

　□リスト

　　□ポインタ

　□木構造

□オブジェクト指向

　□オブジェクト

　□クラス

　□インスタンス

　□カプセル化

□プログラム呼び出し

　□リカーシブ（再帰）

　□リロケータブル（再配置）

　□リエントラント（再入）

　□リユーザブル（再使用）

学習と検定
全商情報処理検定テキスト
1級プログラミング部門

解答編

年　　　組　　　番

実教出版

Part Ⅰ アルゴリズム編

1 コントロールブレイク（グループトータル）

練習1 （p.6）

(1)	ア	(2)	オ	(3)	ク	(4)	ウ	(5)	カ

※(1)，(2)は順不同可。

練習2 （p.7）

(1)	エ	(2)	イ	(3)	オ	(4)	ウ	(5)	キ

2 二分探索

確認1 （p.9）

(ア)

	上限	下限	中央値	入力データ：中央値の内容
1回目	9	0	4	130 < 150
2回目	3	0	1	130 > 120
3回目	3	2	2	130 = 130

(イ)

	上限	下限	中央値	入力データ：中央値の内容
1回目	9	0	4	110 < 150
2回目	3	0	1	110 < 120
3回目	0	0	0	110 = 110

練習1 （p.10）

(1)	エ	(2)	キ	(3)	ウ	(4)	オ	(5)	ク

練習2 （p.11）

(1)	イ	(2)	オ	(3)	ア	(4)	ケ	(5)	コ

3 多次元配列の利用

練習1 （p.14）

(1)	イ	(2)	エ	(3)	ア

練習2 （p.15）

(1)	イ	(2)	ア	(3)	エ	(4)	オ

※(2), (3)は順不同可。

4 順位付け

練習1 （p.18）

p	n	Tsu (p)	Tsu (n)	Tban (0)	(1)	(2)	(3)	(4)	(5)
0	1	8	15	1	2	1	1	1	1
0	2	8	18	1	2	2	1	1	1
0	3	8	12	1	2	2	2	1	1
0	4	8	8	1	2	2	2	1	1
0	5	8	5	2	2	2	2	1	1
1	2	15	18	2	2	3	2	1	1
1	3	15	12	2	3	3	2	1	1
1	4	15	8	2	4	3	2	1	1
1	5	15	5	2	5	3	2	1	1
2	3	18	12	2	5	4	2	1	1
2	4	18	8	2	5	5	2	1	1
2	5	18	5	2	5	6	2	1	1
3	4	12	8	2	5	6	3	1	1
3	5	12	5	2	5	6	4	1	1
4	5	8	5	2	5	6	4	2	1

練習2 （p.19）

(1)	ウ	(2)	エ	(3)	オ	(4)	イ	(5)	キ

5 ソート

確認 （p.23）

1 (1) tensu (k) ＜ tensu (k+1)

(2) tensu (k+1) → tensu (k)

(3) 待避 → tensu (k+1)

2 (1) tensu (k) → tensu (k+1)

練習1 （p.24）

s	t	u	Ts						交換
			(0)	(1)	(2)	(3)	(4)	(5)	
4	0	1	25	52	33	17	16	28	○
4	1	2	52	25	33	17	16	28	○
4	2	3	52	33	25	17	16	28	×
4	3	4	52	33	25	17	16	28	×
4	4	5	52	33	25	17	16	28	○
3	0	1	52	33	25	17	28	16	×
3	1	2	52	33	25	17	28	16	×
3	2	3	52	33	25	17	28	16	×
3	3	4	52	33	25	17	28	16	○
2	0	1	52	33	25	28	17	16	×
2	1	2	52	33	25	28	17	16	×
2	2	3	52	33	25	28	17	16	○
1	0	1	52	33	28	25	17	16	×
1	1	2	52	33	28	25	17	16	×
0	0	1	52	33	28	25	17	16	×

練習2 （p.25）

(1)	ウ	(2)	キ	(3)	ア	(4)	カ	(5)	エ

練習3 （p.26）

(1)	イ	(2)	キ	(3)	カ	(4)	ア	(5)	ケ

練習4 （p.27）

(1)	ケ	(2)	ア	(3)	キ	(4)	エ	(5)	ク

練習5 （p.28）

(1)	カ	(2)	コ	(3)	イ	(4)	エ	(5)	ウ

編末トレーニング

1 (p.30)

(1)	イ	(2)	ア	(3)	キ	(4)	オ	(5)	ク

2 (p.31)

(1)	エ	(2)	オ	(3)	カ	(4)	ク	(5)	イ

3 (p.32)

(1)	ウ	(2)	ア	(3)	エ

4 (p.33)

(1)	カ	(2)	オ	(3)	ウ	(4)	イ	(5)	ア

5 (p.34)

(1)	エ	(2)	コ	(3)	ア	(4)	ウ	(5)	キ

6 (p.35)

(1)	イ	(2)	ケ	(3)	ウ	(4)	カ	(5)	オ

7 (p.36)

(1)	オ	(2)	ウ	(3)	エ	(4)	ケ	(5)	カ

8 (p.37)

(1)	ク	(2)	オ	(3)	イ	(4)	ウ	(5)	キ

9 (p.38)

(1)	ウ	(2)	キ	(3)	オ	(4)	ケ	(5)	カ

10 (p.39)

(1)	キ	(2)	イ	(3)	ク	(4)	エ	(5)	オ

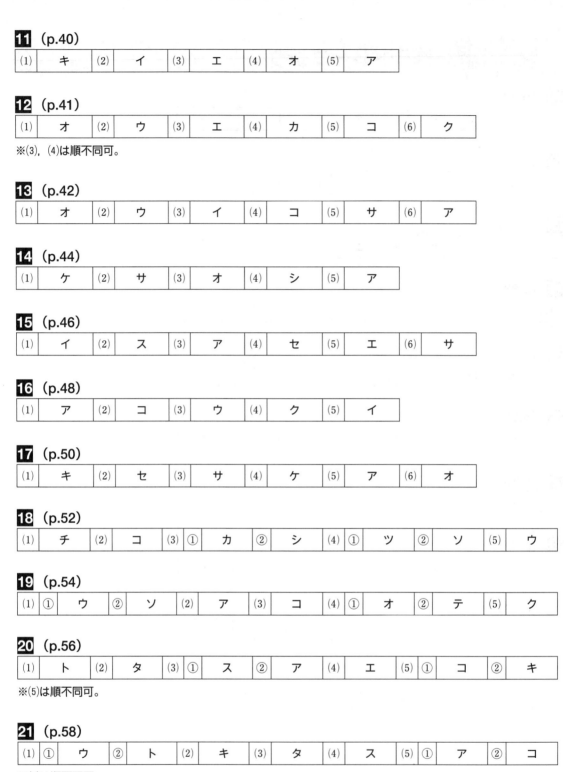

11 (p.40)

(1)	キ	(2)	イ	(3)	エ	(4)	オ	(5)	ア

12 (p.41)

(1)	オ	(2)	ウ	(3)	エ	(4)	カ	(5)	コ	(6)	ク

※(3)，(4)は順不同可。

13 (p.42)

(1)	オ	(2)	ウ	(3)	イ	(4)	コ	(5)	サ	(6)	ア

14 (p.44)

(1)	ケ	(2)	サ	(3)	オ	(4)	シ	(5)	ア

15 (p.46)

(1)	イ	(2)	ス	(3)	ア	(4)	セ	(5)	エ	(6)	サ

16 (p.48)

(1)	ア	(2)	コ	(3)	ウ	(4)	ク	(5)	イ

17 (p.50)

(1)	キ	(2)	セ	(3)	サ	(4)	ケ	(5)	ア	(6)	オ

18 (p.52)

(1)	チ	(2)	コ	(3)①	カ	②	シ	(4)①	ツ	②	ソ	(5)	ウ

19 (p.54)

(1)①	ウ	②	ソ	(2)	ア	(3)	コ	(4)①	オ	②	テ	(5)	ク

20 (p.56)

(1)	ト	(2)	タ	(3)①	ス	②	ア	(4)	エ	(5)①	コ	②	キ

※(5)は順不同可。

21 (p.58)

(1)①	ウ	②	ト	(2)	キ	(3)	タ	(4)	ス	(5)①	ア	②	コ

※(1)は順不同可。

Part II マクロ言語編

Lesson 1 マクロ言語の文法

確認1 （p.60）

(1) Dim Heikin As Double

(2) Dim Flg As Boolean

確認2 （p.61）

(1) For a = 1 To 5

(2) Nam(b)

確認3 （p.62）

(1) Kuku(a, b)

(2) Kuku(n, c)

確認4 （p.63）

(1) Ken = Left(Jyusyo, 3)　〈別解〉Ken = Mid(Jyusyo, 1, 3)

(2) Ku = Mid(Jyusyo, 4, 4)

(3) Tyo = Right(Jyusyo, 3)　〈別解〉Tyo = Mid(Jyusyo, 8, 3)

(4) Jisu = Len(Jyusyo)

確認5 （p.66）

```
Select Case Kin
    Case Is >= 10000
        Ritu = 20
    Case Is >= 5000       ※ Case 5000 To 9999も可
        Ritu = 10
    Case Else
        Ritu = 0
End Select
```

〈別解〉

```
Select Case True
    Case Kin >= 10000
        Ritu = 20
    Case Kin >= 5000      ※ Case Kin >= 5000 And Kin <= 9999も可
        Ritu = 10
    Case Else
        Ritu = 0
End Select
```

Lesson 2 マクロ言語の実習

例題1 （p.67）

(1) Kei(i) = 0

(2) Left(Sc, 1)

(3) p = 1 To 3 〈別解〉p = 1 To 3 Step 1

練習1 （p.68）

(1) Kei(i, j) = 0

(2) Mid(Cd, 2, 1)

(3) Kei(n, k) + t

(4) p = 1 To 3 〈別解〉p = 1 To 3 Step 1

(5) q = 1 To 4 〈別解〉q = 1 To 4 Step 1

例題2 （p.72）

(1) Flg = True

(2) Call Mojisu(Moji)

(3) Len(Moji)

練習2 （p.73）

(1) Kinh = KeikaHun(Kink, Kins)

(2) (Kinh - Kyuh) * 1200

(3) Km = k - Kh * 100 〈別解〉Km = K Mod 100

(4) Sh = Int(s / 100) 〈別解〉Sh = S ¥ 100

(5) KeikaHun = Sj - Kj

例題3 （p.74）

(1) Ho = a

(2) Tai = Dat(a)

(3) For c = 1 To n

練習3 （p.76）

(1) Jun(n) = 1

(2) Call Rank(Ten, Jun, n)

(3) Ten(a) < Ten(b)

(4) Ten(a) > Ten(b)

(5) c = 1 To n

練習4　（p.77）

(1)　Hantei = Search(Cod, x)　〈別解〉Hantei = Search(Cod, 10)

(2)　As String

(3)　Hi = n

(4)　Cod(Mid) > Dat

(5)　Search

編末トレーニング

1　(p.78)

(1)	イ	(2)	エ	(3)	ウ	(4)	エ	(5)	ウ

2　(p.80)

(1)	ア	(2)	エ	(3)	ウ	(4)	ウ	(5)	ア

3　(p.82)

(1)	エ	(2)	ア	(3)	オ	(4)	カ	(5)	イ

4　(p.84)

(1)	エ	(2)	イ	(3)	カ	(4)	ア	(5)	イ

5　(p.86)

(1)	ウ	(2)	イ	(3)	ア	(4)	オ	(5)	イ

Part Ⅲ プログラミング関連知識編

 編末トレーニング

1 (p.94)

①	ア	②	エ	③	イ	④	ウ	⑤	イ	⑥	ア

2 (p.94)

(1)	ア	(2)	イ	(3)	ウ	(4)	ア

3 (p.94)

(1)	19	(2)	01011010	(3)	0.625	(4)	○
(5)	10110000	(6)	64	(7)	10101111	(8)	31
(9)	最下位ビット	(10)	正規化				

4 (p.95)

(1)	E, イ	(2)	D, ウ	(3)	A, エ	(4)	C, ア	(5)	B, オ

5 (p.95)

(1)	1000011	(2)	110100.01	(3)	53	(4)	0.875
(5)	9A	(6)	111001010111	(7)	75	(8)	58.5
(9)	100010110	(10)	13.C				

6 (p.95)

(1)
入力		出力
A	B	C
0	0	1
0	1	1
1	0	1
1	1	0

(2)
入力		出力
A	B	C
0	0	1
0	1	0
1	0	0
1	1	0

(3)
入力		出力
A	B	C
0	0	1
0	1	0
1	0	0
1	1	1

(4)
入力			出力
A	B	C	D
0	0	0	0
0	1	0	1
1	0	0	1
1	1	1	0

7 (p.96)

(1)	B, イ	(2)	A, エ	(3)	D, ア	(4)	C, ウ

8 (p.96)

①	オ	②	カ	③	ク	④	イ

9 (p.96)

(1)	エ	(2)	イ	(3)	ウ	(4)	ア

10 (p.97)

(1)	ア	(2)	イ	(3)	ウ	(4)	ウ	(5)	ア

11 (p.97)

①	ア	②	イ	③	カ	④	オ

12 (p.98)

①	オ	②	キ	③	エ	④	ア	⑤	ク	⑥	ウ
⑦	カ	⑧	イ								

13 (p.98)

(1)	エ	(2)	ウ	(3)	ア	(4)	イ

14 (p.99)

(1)	情報落ち	(2)	○	(3)	スタブ	(4)	負荷テスト	(5)	ポインタ

15 (p.100)

(1)	10100011.01001100	(2)	12	(3)	00110000
(4)	01100100	(5)	00000001	(6)	00110000
(7)	11100100	(8)	00010010	(9)	60
(10)	9　倍	(11)	10	(12)	01000111
(13)	2　GHz	(14)	7　秒	(15)	1
(16)	C	(17)	ウ	(18)	ア
(19)	400	(20)	300		

※(1)の下2桁は省略可。

Part IV 知識編

Lesson 1 ハードウェア・ソフトウェア

筆記練習1 （p.107）

(1)

1	シ	2	イ	3	ウ	4	エ	5	ク
6	カ	7	オ	8	ケ	9	サ	10	コ

(2)

1	ウォータフォールモデル	2	ブラックボックステスト	3	プロトタイピングモデル
4	スパイラルモデル	5	プログラム設計	6	2日

筆記練習2 （p.111〜112）

(1)

1	ア	2	イ	3	ウ	4	エ
5	オ	6	カ				

(2)

1	イ	2	ア	3	イ	4	ア

(3)

1	スループット	2	レスポンスタイム	3	完全性
4	可用性	5	ターンアラウンドタイム		

(4)

1	0.64	2	0.96	3	0.9

筆記練習3 （p.115）

(1)

1	ア	2	カ	3	ウ	4	エ	5	オ	6	イ

(2)

1	ア	2	イ	3	ウ	4	イ	5	ア

(3)

1	フールプルーフ	2	フォールトトレラント	3	フェールソフト
4	RAID	5	ミラーリング	6	フォールトアボイダンス

筆記練習4 （p.118）

(1)

1	ウ	2	ア	3	イ	4	イ	5	ウ
6	ア	7	イ						

Lesson ② 通信ネットワーク

筆記練習5 （p.126～129）

(1)

1	エ	2	オ	3	ア	4	イ	5	ウ

(2)

1	オ	2	キ	3	エ	4	ク	5	イ
6	ウ	7	ア	8	カ	9	ケ	10	コ

(3)

1	カ	2	エ	3	オ	4	キ	5	ウ	6	ア	7	イ

(4)

1	32秒	2	16秒	3	64％	4	10MB

(5)

1	ア	2	ウ	3	ア	4	イ	5	ウ

(6)

1	ク	2	カ	3	ウ	4	ア	5	キ

(7)

1	NAT	2	OSI参照モデル	3	IPv4
4	ホストアドレス	5	パケットフィルタリング		

筆記練習6 （p.132）

(1)

1	ア	2	エ	3	ウ	4	イ

(2)

1	MIME	2	VoIP	3	シンクライアント	4	Cookie

Lesson ③ 情報モラルとセキュリティ

筆記練習7 （p.138）

(1)

1	HTTPS	2	電子署名	3	アクセスログ
4	公開鍵暗号方式	5	インシデント	6	SSL（TLS）
7	ログファイル	8	認証局（CA）	9	システムログ
10	共通鍵暗号方式	11	リスクアセスメント	12	ソーシャルエンジニアリング

 **編末トレーニング**

1 （p.139）

1	キ	2	シ	3	オ	4	カ	5	エ

2 （p.139）

1	ケ	2	イ	3	キ	4	エ	5	ウ

3 （p.140）

1	イ	2	ウ	3	イ	4	ウ	5	ア

計算問題の復習

(p.142〜143)

(1)

1	10日	2	4日

(2)

1	0.98	2	1.5日	3	100日
4	0.56	5	0.8		

(3)

1	2.4MB	2	0.9MB

(4)

1	0.32秒	2	100秒	3	16秒
4	24秒	5	64%	6	80%

【解説】

(1) 開発期間に関する計算

1. Aさんの1日の作業量：1/15

　Bさんの1日の作業量：1/30

　2人合計の1日の作業量：$1/15 + 1/30 = 3/30 = 1/10$

　$1/10$（1日の作業量）$× 10$（日数）$= 1$（完成）　　　　　　　　　　　　　　　　（答）10日

2. Aさんの1日の作業量：1/20

　Bさんの1日の作業量：1/10

　Cさんの1日の作業量：1/10

　3人合計の1日の作業量：$1/20 + 1/10 + 1/10 = 5/20 = 1/4$

　$1/4$（1日の作業量）$× 4$（日数）$= 1$（完成）　　　　　　　　　　　　　　　　　（答）4日

(2) 稼働率の計算

1. 稼働率 =（予定稼働日 − 故障日）÷ 予定稼働日

　　　　 $=（100 − 2）÷ 100 = 98 ÷ 100 = 0.98$　　　　　　　　　　　　　　　（答）0.98

2. 故障日 = 予定稼働日 ×（1 − 稼働率）

　　　　 $= 300 ×（1 − 0.995）= 300 × 0.005 = 1.5$　　　　　　　　　　　　　（答）1.5日

3. 故障時間 = 総運用日数 × 24 ×（1 − 稼働率）

　　　　 12 = 総運用時間 ×（1 − 0.995）

　総運用時間 $= 12 ÷ 0.005 = 2,400$（時間）　$2,400 ÷ 24 = 100$（日）　　　　（答）100日

4. 直列システムの稼働率 = コンピュータAの稼働率 × コンピュータBの稼働率

　　　　　　　　　　　 $= 0.7 × 0.8 = 0.56$　　　　　　　　　　　　　　　　（答）0.56

5. 並列システムの稼働率 = 1 −｛（1 − 装置Aの稼働率）×（1 − 装置Bの稼働率）｝

　$0.98 = 1 −｛（1 − 0.9）×（1 − 装置Bの稼働率）｝$

　$0.98 = 1 −｛0.1 ×（1 − 装置Bの稼働率）｝$

　$0.98 = 1 − 0.1 + 0.1 × 装置Bの稼働率$

　装置Bの稼働率 $=（0.98 − 0.9）÷ 0.1 = 0.8$　　　　　　　　　　　　　　　（答）0.8

(3) 記憶容量に関する計算

1．画像容量＝横方向画素数×縦方向画素数×1画素あたりのビット数÷8

$\qquad$ ＝1,000×800×24÷8（ビット）

$\qquad$ ＝19,200,000÷8（ビット）

$\qquad$ ＝2,400,000（B）

$\qquad$ ＝2,400,000÷1,000,000＝2.4（MB） $\hfill$ （答）2.4MB

2．画像容量＝横方向画素数×縦方向画素数×1画素あたりのビット数÷8

$\qquad$ ＝1,200×1,000×24÷8（ビット）

$\qquad$ ＝28,800,000÷8（ビット）

$\qquad$ ＝3,600,000（B）

$\quad$ 圧縮後の容量＝元の画像×圧縮率

$\qquad$ ＝3,600,000×0.25＝900,000（B）＝0.9（MB） $\hfill$ （答）0.9MB

(4) 通信速度に関する計算

1．通信時間（秒）＝データ量÷通信速度

$\qquad$ ＝4（MB）×8（ビット）÷100（Mbps）

$\qquad$ ＝32,000,000（ビット）÷100,000,000（bps）＝0.32（秒） $\hfill$ （答）0.32秒

2．実際の通信速度＝通信速度×伝送効率

$\quad$ 通信時間（秒）＝データ量÷（通信速度×伝送効率）

$\qquad$ ＝1（GB）×8（ビット）÷｛100（Mbps）×0.8｝

$\qquad$ ＝8,000,000,000（ビット）÷80,000,000（bps）＝100（秒） $\hfill$ （答）100秒

3．通信時間（秒）＝データ量÷（通信速度×伝送効率）

$\qquad$ ＝12（MB）×8（ビット）÷｛12（Mbps）×0.5｝

$\qquad$ ＝96,000,000（ビット）÷6,000,000（bps）＝16（秒） $\hfill$ （答）16秒

4．1枚あたりのデータ量（ビット）＝横方向画素数×縦方向画素数×1画素あたりのビット数

$\qquad$ ＝1,000×800×24＝19,200,000（ビット）

$\quad$ 通信時間（秒）＝データ量÷（通信速度×伝送効率）

$\qquad$ ＝19,200,000（ビット）×10（枚）÷｛16（Mbps）×0.5｝

$\qquad$ ＝192,000,000（ビット）÷8,000,000（bps）

$\qquad$ ＝24（秒） $\hfill$ （答）24秒

5．通信時間（秒）＝データ量÷（通信速度×伝送効率）

$\qquad$ 1（秒）＝8（MB）×8（ビット）÷｛100（Mbps）×伝送効率｝

$\qquad$ 1（秒）＝64（メガビット）÷｛100（Mbps）×伝送効率｝

$\qquad$ 1（秒）＝0.64÷伝送効率

$\quad$ 伝送効率＝0.64÷1＝0.64 $\hfill$ （答）64％

6．通信時間（秒）＝データ量÷（通信速度×伝送効率）

$\qquad$ 0.2（秒）＝2（MB）×8（ビット）÷｛100（Mbps）×伝送効率｝

$\qquad$ 0.2（秒）＝16（メガビット）÷｛100（Mbps）×伝送効率｝

$\qquad$ 0.2（秒）＝0.16÷伝送効率

$\quad$ 伝送効率＝0.16÷0.2＝0.8 $\hfill$ （答）80％